Os Limites da Multa Devida por Descumprimento de Obrigação Tributária Acessória

CB000748

Os Limites da Multa Devida por Descumprimento de Obrigação Tributária Acessória

2018

William Roberto Crestani

OS LIMITES DA MULTA DEVIDA POR DESCUMPRIMENTO
DE OBRIGAÇÃO TRIBUTÁRIA ACESSÓRIA

© Almedina, 2018

Autor: William Roberto Crestani
Diagramação: Almedina
Design de Capa: FBA.

ISBN: 978-85-8493-392-1

Dados Internacionais de Catalogação na Publicação (CIP)
(Câmara Brasileira do Livro, SP, Brasil)

Crestani, William Roberto
Os limites da multa devida por descumprimento
de obrigação tributária acessória / William Roberto
Crestani. – São Paulo :
Almedina, 2018.
Bibliografia.

ISBN 978-85-8493-392-1

1. Brasil. Supremo Tribunal Federal 2. Direito
tributário 3. Direito tributário – Brasil
4. Obrigações fiscais 5. Proporcionalidade (Direito)
I. Título.

18-19817   CDU-34:336.2(81)

Índices para catálogo sistemático:

Brasil: Direito tributário 34:336.2(81)
Maria Alice Ferreira – Bibliotecária – CRB-8/7964

Aviso: O presente trabalho não representa parecer legal ou a opinião de Pinheiro Neto Advogados sobre o assunto tratado, mas apenas de seu autor, para fins acadêmicos.

Este livro segue as regras do novo Acordo Ortográfico da Língua Portuguesa (1990).

Todos os direitos reservados. Nenhuma parte deste livro, protegido por copyright, pode ser reproduzida, armazenada ou transmitida de alguma forma ou por algum meio, seja eletrônico ou mecânico, inclusive fotocópia, gravação ou qualquer sistema de armazenagem de informações, sem a permissão expressa e por escrito da editora.

Setembro, 2018

Editora: Almedina Brasil
Rua José Maria Lisboa, 860, Conj. 131 e 132, Jardim Paulista | 01423-001 São Paulo | Brasil
editora@almedina.com.br
www.almedina.com.br

PREFÁCIO

Os limites da aplicação do princípio do não confisco às multas tributárias é tema que, há muito, ocupa a jurisprudência do Supremo Tribunal Federal. Com a concessão da medida cautelar na Ação Direta de Inconstitucionalidade nº 1075, o Supremo Tribunal Federal deixa clara a necessidade de observância do princípio da razoabilidade não apenas na imposição de tributos, mas, também, na aplicação de penalidades. Tratava-se, pois, de ampliação do comando do artigo 150, inciso IV da Constituição, cuja redação literal limitaria a proibição do confisco às incidências tributárias.

Interessante notar que, ainda que tal princípio seja a expressão mais clara do limite da capacidade contributiva e, assim, do exercício do poder de tributar, não há qualquer dúvida quanto à impossibilidade de se mensurar, objetivamente, os limites de sua incidência. Dito de outra forma: aplicado aos tributos, não é possível estabelecer uma linha clara a partir da qual haveria confisco e até a qual a razoabilidade e proporcionalidade na cobrança tributária estariam garantidas.

No entanto, esse mesmo raciocínio não pode ser aplicado às multas: o Supremo Tribunal Federal, ao decidir pela possibilidade de aplicação do princípio do não confisco às penalidades, limitou-as a 100% do valor do tributo devido na operação. Percentual superior a este seria inconstitucional e abusivo. A solução parece adequada: não seria proporcional multa que superasse o valor principal da obrigação decorrente da relação jurídica tributária.

Questão diversa e desafiadora, contudo, seria aquela em que, a despeito da multa exigida, não há tributo devido. Seria o caso de mero descumprimento de dever instrumental, em operação não onerada por tributo algum – seja em razão de não incidência, isenção ou imunidade. Nesse caso, qual seria o referencial passível de limitar a multa? Essa pergunta é o ponto central deste livro, que o autor responde com maestria e competência. O tópico é atual e muito relevante: trata-se do tema 487 de repercussão geral reconhecida no Supremo Tribunal Federal, ainda sem decisão.

O livro que o leitor tem em mãos é fruto da dissertação de mestrado do autor, que tive o prazer de orientar. Como as páginas seguintes atestam, o autor enfrenta o tema com acuidade científica: a partir de pesquisa densa e detalhada na jurisprudência do Supremo Tribunal Federal, constrói critérios sólidos, com objetivo de indicar, com precisão, os limites da penalidade tributária nos casos de descumprimento da legislação tributária, sem que tenha havido falta de pagamento de tributo.

É importante destacar que embora a escolha metodológica da obra tenha se pautado em pesquisa empírica na base de dados do Supremo, corroborada por outras fontes que igualmente veiculam decisões desse tribunal, o trabalho não deixa de apresentar consistente referencial teórico. Tal é feito com a finalidade de estabelecer os conteúdos próprios dos princípios da proporcionalidade e razoabilidade, que vêm à tona pelas teorias constitucionalistas que embasam o presente texto. Também nesse ponto, revela precisão científica e leitura fluída.

Por fim, não posso deixar de anotar que a qualidade do presente trabalho é fruto não apenas do acadêmico dedicado que o autor mostrou ser, ao longo do cumprimento dos créditos do programa de mestrado profissional da Escola de Direito de São Paulo, da Fundação Getulio Vargas, e do período de orientação da dissertação, que tive o prazer de acompanhar de perto. A excelência da pesquisa também decorre dos anos de advocacia tributária, refinados, agora, pela qualificação acadêmica.

Estou certa de que a presente obra já é uma referência no tema, especialmente pela inovação no tratamento da matéria e pelo fato de ser a primeira a tratar de forma consistente do princípio do não confisco além das poucas linhas geralmente dedicadas a eles na doutrina tributária.

Ao autor, desejo muito sucesso, que já é certo, seja na carreira acadêmica, seja na advocacia tributária.

TATHIANE PISCITELLI
Professora de Direito Tributário e Finanças Públicas da Escola de Direito de São Paulo, da Fundação Getulio Vargas. Doutora e mestre em Direito pela Faculdade de Direito da Universidade de São Paulo.

SUMÁRIO

PREFÁCIO	5
INTRODUÇÃO	9

1. A NECESSIDADE DE UM LIMITE PARA AS MULTAS POR DESCUMPRIMENTO DE OBRIGAÇÃO ACESSÓRIA TRIBUTÁRIA — 13
   1.1. O conceito de obrigação tributária acessória e a terminologia a ser utilizada nesta obra — 13
   1.2. A relevância do tema, a situação atual do problema e a contribuição pretendida — 17

2. O CASO OBJETO DO TEMA 487 DA LISTA DE REPERCUSSÕES GERAIS DO STF, A QUESTÃO CONTROVERTIDA A SER RESPONDIDA E A METODOLOGIA A SER UTILIZADA NA CONSTRUÇÃO DA RESPOSTA — 33

3. A POSIÇÃO HISTÓRICA DO STF SOBRE A LIMITAÇÃO DAS MULTAS TRIBUTÁRIAS: UM ESTUDO DAS DECISÕES DA CORTE — 45
   3.1. A relevância da jurisprudência do STF para a solução do tema 487 e os parâmetros utilizados na pesquisa e análise das decisões do tribunal — 45
   3.2. O panorama histórico das decisões da corte e as posições jurídicas construídas e pacificadas pelo STF ao longo de cinquenta anos — 58

4. A IDENTIFICAÇÃO DAS PREMISSAS EXTRAÍDAS DA JURISPRUDÊNCIA DO STF E SEU REFINAMENTO COM BASE NA DOUTRINA APLICÁVEL   81
   4.1. A síntese das premissas extraídas da jurisprudência histórica do STF e as lacunas a serem preenchidas para sua aplicação ao caso   81
   4.2. A razoabilidade e proporcionalidade e os critérios para sua aplicação aos casos concretos   87
      Princípio da Proporcionalidade   92
      Princípio da Razoabilidade   100
   4.3. O refinamento das premissas desenvolvidas pelo STF a partir do referencial teórico acerca da razoabilidade e da proporcionalidade   103

5. A APLICAÇÃO DAS PREMISSAS DESENVOLVIDAS PELO STF E REFINADAS POR MEIO DO ESTUDO DA RAZOABILIDADE E PROPORCIONALIDADE ÀS MULTAS DEVIDAS PELO DESCUMPRIMENTO DE DEVER INSTRUMENTAL   107
   5.1. A identificação da finalidade da sanção por descumprimento de dever instrumental como parte do exame da proporcionalidade e a sua vinculação à finalidade do próprio dever instrumental tributário   107
   5.2. A regra prevista no artigo 113, parágrafo 2º, do CTN e as condições para que a multa devida por descumprimento de dever instrumental tributário possa ser considerada proporcional, razoável e não confiscatória   120

6. A CONCLUSÃO E PROPOSTA DE SOLUÇÃO PARA O TEMA 487 DA LISTA DE REPERCUSSÕES GERAIS DO STF   137

ANEXO – LISTA DAS DECISÕES DO STF ENCONTRADAS NA PESQUISA E ANALISADAS   147

REFERÊNCIAS   153

INTRODUÇÃO

Esta obra é resultado do trabalho desenvolvido pelo autor durante o mestrado profissional que cursou na Escola de Direito da Fundação Getúlio Vargas em São Paulo. Diferentemente das monografias e teses de mestrado acadêmico comumente elaboradas em outras faculdades no Brasil, o autor foi incentivado desde o início a desenvolver uma pesquisa voltada à produção de conhecimento propositivo, cuja marca característica seja o uso do direito como ferramenta para a solução de problemas verificados na prática tributária e que tenham implicações relevantes para a rotina tanto dos contribuintes como das autoridades fiscais.

Seguindo essa ideia, o autor decidiu investir na elaboração de uma proposta de solução para um problema jurídico que considera ser de elevada importância no Direito Tributário atual, que é a necessidade de se identificar um limite para a cobrança de multa pecuniária pela Fazenda Nacional, Fazendas Estaduais ou Municipais decorrente do descumprimento de obrigação tributária acessória, inclusive e especialmente nas hipóteses em que tal descumprimento não implicou a falta de recolhimento de tributo.

Para permitir uma análise do problema que resulte numa solução com relevância prática, optou-se por estudá-lo por meio do exame de um dos casos com repercussão geral reconhecida atualmente em trâmite no Supremo Tribunal Federal (STF) e por apresentar, ao final, uma proposta de solução para esse caso.

Ademais, foram adotados os métodos e técnicas de investigação considerados mais adequados para esse tipo de análise, os quais serão mais bem explicados ao longo da obra, e buscou-se desenvolver um texto mais curto e direto do que aquele produzido nas dissertações de mestrado elaboradas nos moldes tradicionais.

O caso em questão é o Recurso Extraordinário nº 640.452/RO, que é objeto do tema 487 da lista de repercussões gerais do Supremo Tribunal Federal[1], por meio do qual o STF se propõe a julgar a seguinte temática: *487 – Caráter confiscatório da "multa isolada" por descumprimento de obrigação acessória decorrente de dever instrumental*. O assunto foi alçado originalmente à repercussão geral pelo ex-Ministro Joaquim Barbosa e, no momento em que a obra foi elaborada, sua relatoria está sob responsabilidade do Ministro Roberto Barroso.

O processo que deu origem ao tema 487 da lista de repercussões gerais, por sua vez, trata da análise da inconstitucionalidade de uma multa milionária cobrada pelo Estado de Rondônia contra a empresa Centrais Elétricas do Norte do Brasil S/A (Eletronorte) por não ter emitido nota fiscal de ICMS na remessa de combustível para a empresa Termonorte produzir energia elétrica, posteriormente distribuída aos consumidores pela Eletronorte.

Mais detalhes sobre o tema e o caso serão expostos no segundo capítulo desta obra, mas já é possível adiantar que a sua peculiaridade está no fato da falta de emissão da nota fiscal não ter implicado na falta de recolhimento do ICMS devido na operação, mas apenas no descumprimento da obrigação tributária acessória de emitir nota fiscal, daí a denominação utilizada pelo STF de "multa isolada", pois não envolveu sonegação de tributos, tratando-se de uma delimitação importante para a identificação do objeto de estudo.

A escolha desse tipo de abordagem, i.e., propor uma solução a um caso de repercussão geral pendente de julgamento pelo STF, não foi casual. Na verdade, ela permite limitar a análise à um tipo específico de multa de caráter tributário, dentre as muitas existentes, sem que a conclusão do estudo perca a sua capacidade de replicação à outros casos envolvendo a mesma ou similar tese, a qual decorre da própria sistemática de repercussão geral declarada pelo STF.

Nesse sentido, após a reforma judiciária promovida em 2004 por meio da Emenda Constitucional 45/2004, a atuação do STF passou a se dar,

---

[1] Disponível em <http://www.stf.jus.br/portal/jurisprudenciaRepercussao/verAndamentoProcesso.asp?incidente=4071634&numeroProcesso=640452&classeProcesso=RE&numeroTema=487>. Acessado em 17.I.2016.

sobretudo, por meio da seleção de casos específicos e a aplicação da repercussão geral ao julgamento desses casos, de modo que a tese jurídica aceita pela corte possa ser aplicada à todos os demais casos que envolvam questão similar àquela que foi julgada, evitando assim a subida de um enorme número de recursos e dando maior eficácia as decisões do supremo tribunal.

Como consequência dessa nova realidade, a jurisprudência do STF passou a ser mais valorizada e a ter maior peso na rotina de trabalho dos profissionais da área jurídica, das autoridades fiscais e nas decisões estratégicas tomadas pelas empresas.

A relevância do tema, por sua vez, advém da percepção, corroborada por trabalhos do Banco Mundial, da empresa de auditoria PwC e outros estudos pertinentes que serão explicados no próximo capítulo, de que nos últimos anos subiu sensivelmente o número de obrigações tributárias acessórias a serem cumpridas pelos contribuintes brasileiros nas três esferas de governo (Federal, Estadual e Municipal), assim como o valor das multas decorrentes do descumprimento, total ou parcial, dessas obrigações.

Existe uma percepção recorrente entre os contribuintes de que houve um aumento excessivo do número de obrigações acessórias na área tributária e que isso trouxe mais complexidade e custos para o seu cumprimento, assim como um risco crescente de descumpri-las, muitas vezes por dificuldade na interpretação das normas e sistemas vinculados a tais obrigações acessórias.

Combinado a isso, é possível observar na prática tributária a existência de um maior distanciamento entre os propósitos originais das obrigações acessórias – que é permitir o recolhimento e a fiscalização dos tributos devidos ou a verificação das isenções ou imunidades quando cabíveis – e o valor e quantidade das multas que são exigidas pelo seu descumprimento, como se as obrigações acessórias fossem um fim em si mesmas e, em certa medida, um instrumento adicional de arrecadação, razão pela qual o tema demanda uma análise jurídica mais aprofundada para que se possa entender se existem limites a esse tipo de multa e quais seriam tais limites.

Como veremos em detalhes no primeiro capítulo, essa percepção é confirmada por dados estatísticos e trabalhos realizados por instituições sérias sobre o assunto, o que torna a análise da questão juridicamente relevante e útil para a prática profissional, além de motivar a busca por um ponto de equilíbrio entre a função das obrigações acessórias e o valor da multa cobrada por conta do seu descumprimento, o que é fundamental para os tempos de extremos nos quais vivemos.

Feitas essas observações e ponderações introdutórias passaremos a analisar nos dois próximos capítulos os seguintes pontos:

(i) Capítulo 1: explicação acerca do conceito de obrigação tributária acessória e a terminologia a ser utilizada nesta obra para se referir a ela, assim como a exposição de fatos e dados que demonstrem a relevância do tema e a urgência em se encontrar um limite às multas aplicadas por descumprimento de obrigações acessórias, de modo a trazer maior racionalidade a sua imposição pelas autoridades fiscais sem que elas percam sua função essencial de permitir o recolhimento e a fiscalização dos tributos devidos ou das isenções e imunidades eventualmente aplicáveis, apontando-se ao final, de forma mais precisa, a contribuição pretendida pela obra em vista desse cenário; e

(ii) Capítulo 2: expor em detalhes o caso que deu origem ao tema 487 da lista de repercussões gerais do STF, a questão controvertida a ser respondida e explicar a metodologia a ser utilizada na construção da resposta a essa questão. Ao final será explicado o conteúdo dos capítulos seguintes que compõem o restante da obra.

1.
A necessidade de um limite para as multas por descumprimento de obrigação acessória tributária

1.1. O conceito de obrigação tributária acessória e a terminologia a ser utilizada nesta obra

Antes de adentrarmos de forma mais específica nos motivos que justificam a busca por um limite para as multas em questão, é pertinente já no início da obra conceituar o seu objeto de estudo, que é a obrigação tributária acessória, e fazer algumas ponderações acerca da terminologia a ser adotada para identificá-la e que será utilizada nos próximos capítulos.

Nesse sentido, o ponto de partida para explicar o que é a obrigação acessória e diferenciá-la da obrigação principal será o artigo 113 do Código Tributário Nacional (CTN), por meio do qual é possível visualizar com mais clareza esses dois tipos de obrigação tributária: (i) a obrigação tributária principal, que tem por objeto o pagamento, pelo sujeito passivo (contribuinte ou responsável), de tributo como resultado da ocorrência do seu fato gerador ou de uma penalidade devida pelo descumprimento da regra tributária; e (ii) a obrigação tributária acessória, que tem por objeto uma prestação positiva (fazer) ou uma prestação negativa (omissão) voltada à assegurar o recolhimento do tributo ou permitir a fiscalização desse recolhimento. Confira-se:

Art. 113 A obrigação tributária é principal ou acessória.

§1º A obrigação principal surge com a ocorrência do fato gerador, tem por objeto o pagamento de tributo ou penalidade pecuniária e extingue-se juntamente como crédito dela decorrente.

§2º A obrigação acessória decorre da legislação tributária e tem por objeto as prestações, positivas ou negativas, nela previstas no interesse da arrecadação ou da fiscalização dos tributos.

§3º A obrigação acessória, pelo simples fato de sua inobservância, converte-se em obrigação principal relativamente à penalidade pecuniária.

Nota-se aí que é pelo objeto que a obrigação tributária revela a sua natureza: pagar tributo ou penalidade (obrigação principal); fazer ou deixar de fazer algo com o objetivo de permitir o recolhimento do tributo ou fornecer meios às autoridades fiscais para fiscalizar referido pagamento ou a sua desnecessidade nos casos de imunidade ou isenção (obrigação acessória).

O uso da expressão acessória, porém, não deve ser compreendida da mesma forma que no Direito Civil, no qual o acessório corresponde à obrigação que não tem existência autônoma, dependendo da obrigação principal para existir, de modo que se a principal deixa de existir, também se extinguirá o acessório.

A doutrina[2], por outro lado, é praticamente unânime em afirmar que a acessoriedade de que trata o Código Tributário Nacional não pode ser lida com a mesma roupagem que lhe dá o Direito Civil, pois no caso da obrigação tributária acessória existe uma desvinculação, ainda que relativa, com a obrigação tributária principal, tratando-se essa de uma característica relevante para a presente obra.

Essa característica está presente no parágrafo 2 do artigo 113 do CTN, o qual determina que as obrigações acessórias sejam previstas no interesse da arrecadação ou da fiscalização dos tributos, havendo uma vinculação

---

[2] A título exemplificativo, para corroborar a afirmação de que no Direito Tributário a regra de que o acessório segue o principal não encontra guarida, citamos os seguintes autores e suas respectivas obras: CARRAZA, Roque Antônio. *O Regulamento no Direito Brasileiro*. São Paulo, Revista dos Tribunais, 1981, p. 29; MACHADO, Hugo de Brito. *Obrigação Tributária Acessória e abuso do poder-dever de fiscalizar* in Revista Dialética de Direito Tributário n. 24, Editora Dialética, São Paulo, set. 1997, pp. 61-67; e BALEEIRO, Aliomar. *Direito Tributário Brasileiro*, 11 ed., Editora Forense, Rio de Janeiro, 2004.

não ao tributo específico que se pretenda arrecadar, mas sim à atividade fiscalizatória e arrecadatória. É por essa razão, por exemplo, que mesmo os contribuintes ou responsáveis imunes ou isentos do recolhimento de determinado tributo devem cumprir as respectivas obrigações acessórias, caso contrário dificultam ou inviabilizam o trabalho de fiscalização.

Hugo de Brito Machado, porém, faz questão de ressaltar que, embora a acessoriedade no Direito Tributário tenha um significado especial diverso daquele empregado no Direito Civil, essa mesma obrigação acessória não tem sentido de existir fora do contexto das obrigações principais, terminando por concluir que *um dever administrativo que não seja indispensável ao controle do cumprimento da obrigação tributária principal não se enquadra no conceito de obrigação tributária acessória*[3].

Da mesma forma se posicionou Tércio Sampaio Ferraz Júnior[4], quando afirmou que a acessoriedade em comento *não tem, como à primeira vista poderia parecer, o sentido de ligação a uma específica obrigação principal, da qual dependa. Na verdade, ela subsiste ainda quando a principal (à qual se liga ou parece ligar-se) seja inexistente em face de alguma imunidade, isenção ou não incidência. A marca de sua acessoriedade está, antes, na instrumentalidade para controle de cumprimento, sendo, pois, uma imposição de fazer ou não fazer de caráter finalístico. E, em face desse caráter, sujeita-se à relação meio/fim, o que é nuclear, isto sim, para o exame da sua consistência jurídica.*

Portanto, a obrigação tributária acessória deve ser compreendida não apenas como um dever (de fazer ou não fazer) que a Administração impõe ao sujeito passivo ou responsável pela obrigação tributária principal. É essencialmente um dever de natureza instrumental, que nenhuma finalidade pode ter, além daquela de viabilizar o controle do adimplemento da obrigação tributária principal.

Esse caráter da sua acessoriedade é fundamental para a adequada compreensão dessa espécie de obrigação jurídica e corresponde à uma característica essencial para a solução do problema objeto do tema 487 da

---

[3] Vide a esse respeito Machado, Hugo de Brito. *Fato Gerador da Obrigação acessória* in Revista Dialética de Direito Tributário n. 96, Editora Dialética, São Paulo, set. 2003, pp. 29-35.

[4] Ferraz Júnior, Tércio Sampaio. *Obrigação tributária acessória e limites de imposição: Razoabilidade e Neutralidade concorrencial do Estado* in Teoria Geral da Obrigação Tributária – Estudos em homenagem ao Professor José Souto Maior Borges, Heleno Taveira Torres (coord.), Malheiros Editores Ltda., São Paulo, 2005, pp. 264-280.

lista de repercussões gerais do STF, conforme ficará mais claro ao longo da obra.

Se por um lado a obrigação tributária acessória tem natureza instrumental, como vimos acima, por outro, o seu conteúdo é não-patrimonial, já que não envolve a entrega de dinheiro aos cofres públicos. Essas duas características, particularmente a sua não patrimonialidade, resultou numa ampla e já antiga discussão doutrinária acerca da terminologia mais adequada para a obrigação tributária acessória e, por consequência, numa série de críticas ao termo utilizado pelo Código Tributário Nacional.

Por não ter conteúdo patrimonial surgiram dúvidas sobre a possibilidade da obrigação tributária acessória efetivamente se enquadrar no conceito de obrigação. Não é objetivo desta obra se aprofundar na questão, mas o fato é que a posição doutrinária que se destacou foi capitaneada por PAULO DE BARROS CARVALHO[5], que não vislumbrou caráter obrigacional naquilo que o Código Tributário Nacional vê como obrigação acessória.

PAULO DE BARROS CARVALHO[6] preceitua, em síntese, que o vocábulo "obrigação" é sinônimo de relação jurídica patrimonial. Quanto às obrigações acessórias opta por designar essa relação jurídica pela expressão "deveres instrumentais". O vocábulo "dever" é utilizado por ele para demonstrar que o mandamento da norma jurídica que o vincula carece de atributos de patrimonialidade, enquanto o termo "instrumental" reflete que se trata de um instrumento que a Administração Fazendária dispõe para a verificação do recolhimento do tributo ou da sua isenção ou imunidade.

É pertinente mencionar que uma corrente minoritária formada principalmente por JOSÉ SOUTO MAIOR BORGES[7], que desenvolveu estudos mais detalhados sobre o tema, e HUGO DE BRITO MACHADO discordam da posição majoritária descrita acima. Ambos entendem que é possível

---

[5] Outro jurista nacional de relevo que repudia a nomenclatura utilizada pelo Código Tributário Nacional para designar os mandamentos impostos ao contribuinte ou responsável para fazer, deixar de fazer algo ou suportar algo no interesse da arrecadação e da fiscalização, por ausência de patrimonialidade nesses comandos, é Geraldo Ataliba, conforme é possível observar em ATALIBA, Geraldo. *Noções de Direito Tributário*, Editora RT, 1971, p. 40.

[6] CARVALHO, Paulo de Barros. *Direito Tributário: Fundamentos Jurídicos da Incidência*, 2 ed., São Paulo, Saraiva, 2008, pp. 196.

[7] MAIOR BORGES, José Souto, *Obrigação Tributária – Uma introdução metodológica*, 3 ed., Malheiros Editores, São Paulo, 2015, pp. 46-48.

utilizar o termo "obrigação" mesmo nas relações jurídicas que não tenham conteúdo patrimonial. Souto Maior, inclusive, faz uma crítica precisa à própria existência de discussão em torno dessa terminologia que, na sua visão, se trataria de *uma irrelevante questão de palavras, exceto para quem, equivocadamente, considere que o objetivo da ciência do Direito é atingir uma precisão absoluta de linguagem.*

A despeito do Supremo Tribunal Federal não fazer essa distinção com precisão nas suas decisões, inclusive naquelas que serão analisadas nesta obra, fazendo uso indistinto tanto do termo "obrigação tributária acessória" quanto "dever instrumental", por uma questão prática de harmonia textual e, sem reconhecer como certo uma ou outra corrente doutrinaria, optou-se por utilizar nos próximos capítulos desta obra o termo *"dever instrumental"* para se referir à obrigação tributária acessória descrita no artigo 113 do Código Tributário Nacional.

Essa escolha também se deve à percepção de que a terminologia "dever instrumental" reflete melhor duas características da obrigação tributária acessória que são especialmente importantes para o desenvolvimento desta obra, que é o caráter instrumental, segundo o qual estamos tratando de uma relação jurídica finalística e não simplesmente de uma obrigação legal, e a não-patrimonialidade da obrigação acessória, que é uma condição a ser enfrentada para se alcançar um limite objetivo para a multa devida em razão do seu descumprimento.

Feitos esses esclarecimentos sobre a conceituação do dever instrumental e a terminologia que será adotada no restante da obra para se referir à obrigação tributária acessória, explicaremos no próximo subcapítulo a relevância do tema objeto de estudo, a situação atual do problema que será enfrentado e a contribuição pretendida.

1.2. A relevância do tema, a situação atual do problema e a contribuição pretendida

Tantas vezes repetido, já se tornou lugar-comum dizer que o Brasil é um país com alta carga tributária e, mesmo quando é superado nesse quesito por países como Noruega, Alemanha e Islândia[8], existe uma percepção

---

[8] Os dados sobre a carga tributária dos países (arrecadação em relação ao PIB) é divulgado anualmente pela OCDE – Organização para Cooperação e Desenvolvimento Econômico e está disponível em <www.oecd.org> Acessado em 10.5.2016

generalizada na sociedade brasileira de que a aplicação dos recursos arrecadados em benefício da população não ocorre da forma desejada[9].

Nesse tipo de discussão, porém, leva-se em consideração apenas a chamada obrigação principal, ou simplesmente o valor do tributo devido, deixando para segundo plano a análise dos custos e do tempo necessários para o pagamento desses tributos, i.e., para o cumprimento dos deveres instrumentais.

O debate sobre esse segundo ponto foi por muito tempo negligenciado no Brasil, mas nos últimos anos isso tem mudado diante do desenvolvimento da tecnologia e da maior preocupação com a eficiência da fiscalização tributária, os quais resultaram num número crescente de deveres instrumentais e multas pelo seu descumprimento, além de custos adicionais com sistemas de informação e profissionais para cumprir todos esses deveres (contadores, analistas, advogados etc).

Aos poucos, diante desse cenário, o peso do chamado *compliance* tributário na economia passou a entrar na pauta de discussão de empresários e profissionais ligados à área. Embora a análise mais precisa desse peso ainda seja tímida, alguns estudos recentes nos dão uma noção do que ele significa para o País e o estrago causado para o desenvolvimento dos negócios.

Anualmente, o Banco Mundial, em parceria com a empresa de auditoria *PriceWaterHouseCoopers* (PWC), divulga um estudo[10] que, embora amplamente divulgado pelos jornais e conhecido pelos profissionais do setor tributário, não deixa de assustar sempre que seus resultados são analisados com mais cuidado.

O objetivo da referida pesquisa é mensurar a facilidade com que os empresários conseguem fazer negócios em cada um dos cento e oitenta e

---

[9] Sobre essa percepção acerca da aplicação dos recursos arrecadados, fazemos referência ao trabalho desenvolvido pelo Instituto de Pesquisa Econômica Aplicada (IPEA) intitulado "Eficiência no Gasto Público com Educação: Uma análise dos municípios do Rio Grande do Norte". Ainda que trate apenas sobre a aplicação de recursos voltados a educação num dos Estados Brasileiros, o estudo faz uso de exemplos concretos para corroborar essa percepção acerca do uso ineficiente dos recursos arrecadados em algumas esferas da Administração Pública nacional. O trabalho está disponível no seguinte endereço eletrônico: <http://www.ipea.gov.br/ppp/index.php/PPP/article/viewFile/320/280>. Acessado em 12.6.2016.

[10] Paying Taxes 2015: The global Picture – The changing face of tax compiance in 189 economies worldwide. Disponível em <http://www.pwc.com/gx/en/paying-taxes-2016/paying-taxes-2015.pdf>. Acessado em 24.1.2016.

nove (189) países pesquisados. Um dos pontos objeto da pesquisa é justamente o pagamento de impostos (*Paying Taxes*), no qual é feita a medição do tempo, custos e dificuldades para que as empresas preparem e apresentem as suas declarações fiscais, bem como recolham os tributos devidos.

Também faz parte do estudo uma análise acerca do número de tributos a serem pagos e o método de pagamento (eletrônico ou manual), assim como a carga tributária total, em termos percentuais, comparada com os ganhos obtidos pelas empresas.

No estudo é utilizada uma empresa padrão variando entre porte pequeno e médio, sendo que os indicadores são ponderados tanto por região como entre todos os países para a produção de alguns rankings, com o objetivo de fornecer dados que possam fomentar discussões dentro dos governos e na sociedade civil para implantar as reformas necessárias para melhorar o ambiente de negócios.

Para o trabalho divulgado ao final do ano de 2015, os responsáveis apontaram logo no editorial uma preocupação maior com o *compliance* tributário, bem como com a estabilidade e transparência do sistema e da administração tributária de cada país, na medida em que quanto mais previsível e transparente for esse sistema e essa administração, mais fácil será cumprir com as regras tributárias e, por consequência, realizar negócios.

Nota-se aí justamente um interesse maior dos pesquisadores pela facilidade no cumprimento das regras tributárias em detrimento ao tamanho da carga tributária, o que corrobora o apontamento anterior acerca do crescimento na preocupação com os custos envolvidos no cumprimento dos deveres instrumentais e seus efeitos para o ambiente de negócios.

No que se refere especificamente ao Brasil, o dado mais impactante é a informação de que no País os contribuintes despendem, em média, 2600 horas anualmente para cumprir todas os seus deveres instrumentais, o que equivale a cerca de 108 dias de trabalho no ano. Desse total, um pouco mais da metade se refere ao tempo gasto para recolhimento dos tributos incidentes no consumo. No ranking específico sobre o tempo gasto para o cumprimento dessas obrigações, o Brasil é o último de um total de 187 países, seguido pela Bolívia, que exige 1080 horas (menos da metade do Brasil) e cuja administração tributária é significativamente menos informatizada que a brasileira.

No ranking geral que considera todos os itens analisados dentro do quesito pagamento de tributos (e não apenas o tempo gasto na tarefa), o

Brasil figura na posição 177, de um total de 187 países. Os dez países que estão em situação pior que a brasileira são todas economias pequenas e com baixo desenvolvimento, o que torna mais evidente o absurdo dos nossos dados.

É curioso observar que o Banco Mundial e a PWC apontam como forma eficiente de baixar o tempo e o custo gastos no *compliance* tributário justamente o aumento da informatização da administração fiscal e do uso de sistemas eletrônicos para cumprir as obrigações tributárias, o que o próprio estudo reconhece que tem ocorrido no Brasil nas últimas duas décadas, inclusive de forma intensa.

Entretanto, a despeito do investimento crescente para a melhoria da estrutura da administração fiscal brasileira e do aumento relevante no uso das declarações e sistemas eletrônicos, a quantidade de tempo gasta para cumprir tais obrigações se manteve estável em 2600 horas desde quando o estudo teve início em 2004, ou seja, nesses últimos dez anos os investimentos feitos no Brasil para a informatização do cumprimento dos deveres instrumentais não tiveram o condão de reduzir o tempo gasto no *compliance* tributário por aqui.

Nesse ponto, aliás, o Brasil tem andado na contramão de vários países, nos quais a implementação de sistemas eletrônicos para a declaração e recolhimento dos tributos gerou significativa redução no tempo gasto pelos contribuintes com esse tipo de trabalho.

A título de exemplo citamos a China, cujo tempo médio gasto em 2004 era de 830 horas e que em 2013 já havia sido reduzido para 261 horas. Outros países seguindo esse mesmo caminho foram a Rússia, que reduziu esse tempo de 450 horas em 2004 para 168 horas em 2013, e os EUA, que reduziram de 320 horas em 2004 para 175 horas em 2013. Os dados foram retirados do estudo do Banco Mundial e da PWC.

Um leigo poderia até dizer que essa dificuldade do Brasil em reduzir a burocracia tributária poderia ser resultado de alguma espécie de atavismo ibérico, herança dos colonizadores portugueses, mas mesmo nesse ponto percebe-se que o problema não é cultural, na medida em que o tempo médio gasto pelos contribuintes localizados nos países da América do Sul é de apenas 620 horas. Ainda que esse prazo seja duas vezes maior que a média mundial, é pertinente mencionar que dos treze (13) países sul-americanos analisados, nove (9) ficaram bem abaixo dessa média, cujo alto valor se deve, sobretudo, ao próprio Brasil.

Se o problema não é cultural, qual seria o motivo que torna o Brasil tão peculiar e distante dos demais países quando se trata do esforço despendido para o pagamento dos tributos? Essa indagação parece ter múltiplas respostas, a começar pela própria estrutura de governo adotada no País.

O Banco Mundial reconhece no seu estudo que nas economias nas quais os tributos são cobrados em três níveis de governo (federal, estadual e municipal), como é o caso do Brasil, as empresas tomam de fato mais tempo para cumprir com suas obrigações acessórias e recolher os tributos devidos do que naquelas onde a cobrança tributária se dá de forma mais centralizada. O estudo é conclusivo no sentido de que quanto mais níveis de governo existem cobrando tributos, maior será o tempo e esforço gastos pelos contribuintes no recolhimento desses tributos.

O nosso sistema federativo, portanto, é uma das causas dessa incomum quantidade de tempo gasta por aqui no pagamento de tributos, mas está longe de ser a única ou a mais importante, especialmente se olharmos para outros países que também adotam o sistema federativo, como a Alemanha, que tem carga tributária ligeiramente superior a brasileira, mas onde se gastam cerca de 196 horas/ano para cumprimento dos deveres instrumentais. No nosso caso, o estudo aponta que a complexidade do sistema tributário brasileiro, conjugada com a mudança frequente e quase diária na legislação tributária, são outras causas até mais relevantes.

Essa complexidade é fruto da baixa qualidade das normas tributárias que são editadas, muitas com redação ambígua ou imprecisa, ou com regras de difícil implementação prática, gerando uma espécie de círculo vicioso, cuja consequência imediata é a dificuldade no cumprimento das obrigações tributárias (principal ou acessória), o que torna comum a ocorrência de erros no cumprimento dessas obrigações e a necessidade de desviar mais recursos, que seriam originalmente destinados ao negócio, para atividades de *compliance* tributário.

A alteração frequente da nossa legislação tributária, por sua vez, não é um mero argumento retórico, mas sim uma realidade e que também implica no aumento do *compliance.*

Embora não tenha sido desenvolvido um estudo mais sério para aprofundar as causas de tamanha mudança legislativa é possível imaginar que essas mudanças frequentes são resultado de problemas bem brasileiros, particularmente do clientelismo, patrimonialismo e corporativismo que ainda estão presentes no Estado, principalmente nos níveis mais regionais de governo, e que exigem medidas frequentes para cobrir os crescentes déficits orçamentários ou para atender inúmeros favores ou interesses especiais.

O resultado palpável de tudo isso é a criação de um número enorme de deveres instrumentais para dar cabo ao cumprimento de todo esse emaranhado de normas e permitir o recolhimento de um número significativo de tributos para atender aos mais diversos interesses.

Nesse sentido, o Sindicato das empresas que prestam serviços de contabilidade no Estado de São Paulo (SESCON/SP)[11] elaborou e divulgou aos seus associados um quadro contendo de forma detalhada os deveres instrumentais a serem cumpridos para o recolhimento de tributos federais e do ICMS devido ao Estado de São Paulo, tendo identificado sessenta e cinco (65) deveres de cumprimento obrigatório pelos contribuintes de diversos setores (industrial, comércio, serviços, terceiro setor), sem considerar os deveres instrumentais relativos à tributos municipais e outros tributos estaduais.

Mas se as causas apontadas acima servem para explicar a razão de termos um número tão grande de deveres instrumentais a serem cumpridos e, por consequência, gastarmos tanto tempo e dinheiro no cumprimento dessas tarefas, elas não são suficientes para explicar o porquê do esforço brasileiro voltado à melhoria da estrutura da administração tributária e no aumento do uso de sistemas eletrônicos para o recolhimento de tributos não ter gerado a tão desejada redução nesses índices.

Ao contrário, não só foi mantido o tempo que se verificou há mais de uma década atrás (2004) – 2600 horas/ano, como existe uma clara percepção entre os contribuintes de que aumentou o custo incorrido pelas empresas para recolher seus tributos.

A explicação parece estar em outras duas constatações específicas. Uma do próprio Banco Mundial e outra decorrente de um trabalho elaborado pela PWC Brasil para a Associação Comercial do Estado de São Paulo divulgado em Janeiro/2012[12].

---

[11] O quadro de obrigações acessórias elaborado pelo SESCON/SP está disponível em < http://www.forumdoempreendedor.org.br/download/quadro-de-obrigacoes-acessorias.pdf> Acessado em 25.1.2016.

[12] O estudo sobre as obrigações acessórias em duplicidade foi coordenado pela então sócia da PWC Brasil Elidie Bifano, tendo sido apresentado na forma de uma apresentação a Associação Comercial de São Paulo. Disponível em www.acsp.com.br. Acessado em 24.1.2016.

O trabalho da unidade brasileira da PWC apurou dados também relevantes no que se refere ao cumprimento dos deveres instrumentais no Brasil e a duplicidade das informações prestadas.

O estudo envolveu o exame desses deveres no que concerne ao recolhimento dos seguintes tributos: PIS/Cofins, Imposto de Renda da Pessoa Jurídica (IRPJ)/CSLL, IPI, ICMS e obrigações previdenciárias. Ao final da análise, a empresa de auditoria confirmou a existência de redundância e duplicidade nas informações apresentadas ao Fisco, conforme ilustrado no quadro abaixo:

Tributo	Número de Obrigações Acessórias	Número de ocorrências de informações duplicadas ou redundâncias
PIS/COFINS	9	76
IRPJ/CSLL	10	59
IPI	8	49
ICMS	7	73
PREVIDENCIÁRIO	5	31
TOTAL	39	288

É interessante constatar a partir dos dados compilados pela PWC Brasil que, além de existirem diversas declarações e deveres instrumentais diferentes para cada tributo (39 obrigações tributárias para um grupo de cinco tributos distintos), existe duplicidade ou redundância nas informações declaradas, i.e., a mesma informação deve ser prestada às autoridades fiscais mais de uma vez, tornando o processo de cumprimento mais lento e irracional, além de exigir um esforço extra para evitar discrepâncias entre as declarações.

O estudo elenca, ainda, algumas das possíveis causas da referida redundância, nos dando uma noção mais clara do porque ainda é tão dispendioso, em termos de tempo e custo, cumprir os deveres instrumentais no Brasil, mesmo com toda a tecnologia que tem sido utilizada: **(i)** redução das fiscalizações presenciais em favor das digitais, **(ii)** ausência de sistematização e racionalidade na criação de obrigações acessórias, **(iii)** deficiências operacionais e de processo de tecnologia da informação e **(iv)** falta de integração dos diversos sistemas de informação utilizados pelos fiscos.

Mais relevantes, ainda, são as potenciais consequências decorrentes das constatações descritas acima tanto para os contribuintes como para as autoridades fiscais:

- alto custo operacional para a preparação e apresentação dos deveres instrumentais;
- custo adicional na análise da consistência das informações prestados nas diversas declarações fiscais;
- aumento do risco de existência de informações incoerentes ou conflitantes e, por consequência, do risco de cobranças indevidas ou autuações com a aplicação de multas elevadas;
- dificuldades na obtenção da certidão de dívida ativa (CND), o que pode afetar diretamente os negócios da empresa;
- maior custo operacional para o fisco recepcionar as declarações fiscais e verificar a consistência das informações;
- maior risco de ocorrência de erros nos processos internos de avaliação dos dados recebidos, afetando as fiscalizações e políticas elaboradas pelas autoridades fiscais; e
- aumento da procura do atendimento pessoal junto às unidades fiscais de atendimento ao contribuinte, sobrecarregando o serviço das autoridades fiscais com atividades que geram pouco impacto na arrecadação.

Ou seja, existe um aspecto bastante pragmático da realidade tributária brasileira que ajuda a explicar porque o *compliance* tributário tupiniquim não teve redução expressiva de custo e tempo nesses últimos dez anos, apesar de todos os investimentos feitos na área.

Se por um lado o processo ficou mais informatizado, por outro isso não gerou facilidades no cumprimento dos deveres instrumentais, ao contrário, tem gerado inconsistências e dificuldades que ampliam os riscos daí decorrentes e o trabalho tanto dos contribuintes quando das autoridades fiscais, com forte impacto na rotina das empresas.

Em complemento aos apontamentos feitos pela PWC Brasil, existe uma segunda constatação, agora do Banco Mundial, que é ainda mais relevante para explicar porque não houve melhora nesse quesito no Brasil nos últimos dez anos pesquisados.

O Banco Mundial verificou que, embora muitas empresas brasileiras estejam incorrendo há vários anos em gastos para atualizar, adquirir e configurar sistemas de TI para atendimento dos seus deveres instrumentais, bem como contratando e treinando profissionais para lidar com tais sistemas, toda essa tecnologia foi voltada principalmente para otimizar o processo de fiscalização e recolhimento de tributos, com foco quase que exclusivo na redução da sonegação fiscal e não na simplificação do processo de cumprimento desses deveres.

Aqui reside parte considerável da explicação pela qual os esforços tanto do lado das autoridades fiscais quanto do lado dos contribuintes não têm resultado na redução do referido tempo. Por uma opção justificável, todo esse processo de modernização foi direcionado à redução da sonegação fiscal e, nesse ponto, a percepção comum é que estamos tendo sucesso.

Esse sucesso na diminuição da sonegação fiscal, por outro lado, tem um preço alto, que é a vigilância constante dos contribuintes e uma dependência sem precedentes, por parte das autoridades fiscais, das informações que são prestadas pelas empresas e pessoas físicas por meio dos inúmeros deveres instrumentais a que estão submetidas. Sem essas informações o trabalho de fiscalização, seja ele preventivo ou repressivo, deixa de ocorrer a contento.

Essa situação gera impactos perceptíveis na realidade dos contribuintes. Além do óbvio aumento no número de deveres instrumentais, o que já foi mencionado anteriormente, pessoas jurídicas que não são o efetivo contribuinte ou responsável tributário passaram a ser obrigadas a prestar informações que podem ser de interesse dos fiscos e a incorrer em custos para cumprir essa obrigação relativa à terceiros, ou os contribuintes passaram a ter de prestar informações que não estão diretamente relacionadas com a apuração e o recolhimento de tributos.

Para exemplificar, citamos algumas declarações fiscais surgidas nos últimos anos que não estão diretamente vinculadas à declaração e recolhimento dos tributos propriamente ditos, mas com a simples apresentação de informações sigilosas que possam auxiliar no trabalho de fiscalização:

1. DECRED – Declaração de Operações com Cartões de Crédito: determina às administradores de cartões de crédito que apresentem

semestralmente informações sobre os valores pagos pelos clientes por meio de cartão de crédito;
2. DIMOF – Declaração de Informações sobre Movimentação Financeira: exige dos bancos que prestem informações sobre os volumes movimentados pelos seus correntistas;
3. DTTA – Declaração de Transferência de Titularidade de Ações: exige da entidade encarregada do registro de transferência de ações negociadas fora de bolsa a prestar informações ao fisco sobre tais operações;
4. SISCOSERV – Sistema Integrado de Comércio Exterior de Serviços, Intangíveis e Outras Operações que Produzam Variações no Patrimônio: exige das empresas e pessoas físicas a prestação de informações acerca de operações de importação ou exportação de serviços, ou quaisquer outras que envolvam variação de patrimônio fora do Brasil;
5. DEREX – Declaração sobre a Utilização dos Recursos em Moeda Estrangeira Decorrentes do Recebimento de Exportações: pessoas que mantiverem recursos no exterior em moeda estrangeira decorrentes de exportação deve informar anualmente o saldo e a localização desses recursos.

Outro reflexo expressivo decorrente dessa nova realidade da administração fiscal foi a criação de inúmeras multas por descumprimento dos deveres instrumentais, com o claro objetivo de compelir e intimar as empresas e os contribuintes à prestar as informações necessárias à execução do trabalho de monitoramento e fiscalização.

Aqui observamos uma peculiaridade que é de suma importância para explicar a relevância do tema objeto desta obra. Além das multas por descumprimento de dever instrumental serem altas, justamente para dissuadir o seu descumprimento ou cumprimento precário, o cálculo e a cobrança dessas multas passou a estar, em muitos casos, desvinculado do não pagamento de um tributo, ao menos de forma direta, bastando a existência de problemas no cumprimento desse dever para justificar sua cobrança.

Essa forma de aplicação e cálculo das multas é consequência direta da importância que as autoridades fiscais passaram a dar para o cumprimento dos deveres instrumentais. Embora essa realidade exista em todos os níveis de governo (federal, estadual e municipal), nota-se uma maior incidência de multas de alto valor na legislação estadual do ICMS, o que inclusive está refletido no *leading case* que deu origem ao tema 487.

Ocorre que, exigir deveres instrumentais e as multas decorrentes do seu descumprimento sem que haja uma vinculação, ainda que indireta, com o recolhimento de tributo implica dizer que esses deveres passaram a ser um fim em si mesmos, perdendo um aspecto essencial que serve, ao menos do ponto de vista jurídico, para caracterizá-los, que é servir de instrumento para o recolhimento e a fiscalização do tributo devido ou que foi afastado por uma eventual isenção ou imunidade.

Portanto, passou-se a confundir obrigação de apurar, declarar e recolher os tributos ou de demonstrar eventual isenção/imunidade, com a obrigação de prestar quaisquer tipos de informações, sejam sigilosas ou não, próprias ou de terceiros, vinculadas ou não com a ocorrência de um fato gerador, desde que auxiliem no trabalho de monitoramento e fiscalização dos contribuintes em geral, objetivando-se assim combater a sonegação fiscal a qualquer custo, ou melhor, a um custo alto, como se observa a partir do tamanho e das consequências do *compliance* tributário brasileiro descritos acima.

Percebe-se, desse modo, que está ocorrendo uma desvinculação ou, no mínimo um abuso, entre a criação dos deveres instrumentais e a cobrança das multas decorrentes do seu descumprimento e a finalidade do dever instrumental explicada no subcapítulo anterior segundo o qual tais deveres somente se justificam para o controle do cumprimento da obrigação tributária principal ou do atendimento dos requisitos de isenção ou imunidade (se for o caso).

Outra confusão que essa nova realidade fiscal está produzindo é aquela entre a proteção dos interesses da arrecadação e a arrecadação em si por meio da aplicação de altas multas pelo mero descumprimento do dever instrumental, independentemente de quais sejam os efetivos reflexos desse descumprimento para o recolhimento da obrigação tributária principal no caso concreto.

Embora não seja esse o objetivo imediato da aplicação de multa por descumprimento de dever instrumental, a partir do momento em que se aplicam multas proporcionalmente altas e sem vinculação, direta ou indireta, com a falta de recolhimento de tributo ou com o efetivo prejuízo ao trabalho de fiscalização naquela específica operação, cria-se também um instrumento subsidiário de arrecadação, gerando, por conseguinte, o interesse das próprias autoridades fiscais e dos governos de forma geral na cobrança dessas multas, cujo pagamento ingressa no patrimônio estatal como receita derivada a ser considerada no orçamento geral[13].

É pertinente mencionar, ainda, que, ao mesmo tempo que temos um número grande de multas por descumprimento de deveres instrumentais, muitas das quais com valores proporcionalmente altos e que têm gerado um certo nível de receita para os governos, existe um histórico de precedentes do Supremo Tribunal Federal (STF) proferidos ao longo de mais de cinquenta anos, nos quais a corte analisou as multas exigidas por falta de recolhimento de tributo, tendo estabelecido limites para esse tipo de multa, notadamente, o valor do próprio tributo devido, conforme será detalhado no capítulo 3 desta obra.

Embora esses precedentes do STF não tenham examinado a questão específica das multas por descumprimento de dever instrumental, constam nessas decisões diversas premissas, raciocínios e garantias destinados à proteção dos contribuintes com sentido mais amplo e que não estão sendo observados na criação e cobrança dessas multas, já que por dever de ofício as autoridades seguem aplicando-as, o que torna a questão sobre o alto valor das multas sob comento também desafiadora do ponto de vista jurídico.

Esse desafio jurídico advém da necessidade de se equilibrar a capacidade sancionatória das autoridades fiscais, sem a qual elas não têm os meios necessários para fiscalizar o recolhimento dos tributos devidos, e as garantias constitucionais que respaldam os contribuintes, dentre as quais se destaca o não-confisco, a proporcionalidade e a razoabilidade que devem pautar a conduta da administração pública.

Por se tratar de mecanismos que afetam diretamente o patrimônio dos contribuintes, as multas não podem representar uma expropriação desse patrimônio de forma desproporcional e irrazoável ao prejuízo efetivamente causado e à finalidade dos deveres instrumentais, caso contrário, a capacidade sancionatória dos Fiscos, que de fato deve existir, passa a extrapolar as referidas garantias constitucionais.

---

[13] Segundo os dados disponíveis no Portal da Transparência do Governo Federal alimentados pela Controladoria Geral da União, apenas com as multas pelo descumprimento de obrigações acessórias previdenciárias o Governo Federal arrecadou R$ 124,6 milhões entre os anos de 2011 e 2015. Tais dados estão disponíveis no seguinte endereço: <http://www.portaltransparencia.gov.br/>. Acessado em 25.1.2016.

Daí decorre a relevância do tema objeto desta obra, na qual se pretende buscar e identificar critérios que sirvam como uma espécie de antídoto aos exageros que forem cometidos no cenário descrito anteriormente, equilibrando-se a desejada eficiência fiscalizatória às garantias proporcionadas por um ordenamento jurídico que se pretende moderno e civilizado nas suas várias áreas.

A esse respeito, é pertinente citar trecho do artigo escrito por André Malta Martins intitulado *A referibilidade como critério de legitimação das multas tributárias*[14], no qual o autor se dedicou ao estudo da referibilidade como critério dimensionador das multas fiscais. Confira-se:

> Enquanto instrumento de intervenção no patrimônio do particular ou contribuinte, as multas fiscais não podem descurar dos direitos fundamentais inscritos na Lei Maior do País, razão pela qual o desenvolvimento de critérios que possam, a partir da formulação das penalidades, garantir a efetividade daqueles direitos soberanos, reveste-se de grande importância para o aperfeiçoamento não apenas do constitucionalismo brasileiro, mas de suas próprias instituições democráticas.

O cenário descrito ao longo deste capítulo, portanto, revela uma mistura com alto potencial de continuar prejudicando a realização de negócios no Brasil, como apontado no trabalho produzido pelo Banco Mundial e pela empresa de auditoria PWC, tendo inclusive implicações jurídicas.

Ao mesmo tempo que houve o franco desenvolvimento da estrutura da administração tributária no Brasil nos últimos vinte (20) anos e a ampla adoção de sistemas eletrônicos de informação para o recolhimento dos tributos e fiscalização dos contribuintes, essa modernização teve como foco principal o aumento da arrecadação através do combate a sonegação fiscal.

Ao ter praticamente esse único foco, o resultado, como vimos, foi a melhora na eficiência da fiscalização, mas também a criação de uma ampla diversidade de deveres instrumentais para fornecer as informações exigidas para se alcançar essa eficiência, muitas das quais tendo por finalidade unicamente a obtenção de informações e não o recolhimento de tributos, assim

---

[14] MARTINS, André Malta. *A referibilidade como critério de legitimação constitucional das multas tributárias* in Revista Tributária e de Finanças Públicas n. 68, ano 14, São Paulo, Editora Revista dos Tribunais, Maio-Junho 2006, pp. 245-246.

como o estabelecimento de diversas multas de valor proporcionalmente alto como forma de compelir ou intimidar os contribuintes à prestar tais informações, mas que em muitos casos concretos não têm vinculação, direta ou indireta, com a falta de recolhimento de tributos ou com a comprovação de eventual isenção ou imunidade.

Esse ambiente se traduz em, ao menos, três tipos de custos que acabam invariavelmente sendo incorridos pelas empresas para atendimento ao *compliance* tributário brasileiro:

1. custos com pessoal para cumprir as obrigações tributárias exigidas, o que inclui treinamento, interpretação da legislação tributária que é constantemente alterada, revisão de inconsistências, atendimento a fiscalização (contadores, analistas, advogados etc);
2. custos com aquisição, atualização e manutenção de sistemas de TI, equipamentos e softwares que permitam o cumprimento das obrigações acessórias tributárias de maneira adequada; e
3. custos com as multas decorrentes do descumprimento das obrigações acessórias tributárias, inclusive com o contencioso administrativo e judicial para discutir sua validade ou excesso.

A diminuição dos gastos e esforços relacionados aos custos (1) e (2) acima passam, necessariamente, por uma mudança de postura tanto do legislador como das autoridades fiscais, que tenham por objetivo a diminuição no número de obrigações acessórias, a simplificação no seu cumprimento e da sua legislação, bem como a melhoria dos sistemas de informática para afastar a exigência da mesma informação em diversas declarações diferentes, de modo que se passe a pensar no desenvolvimento dos sistemas eletrônicos tributários não apenas num meio de diminuição da sonegação fiscal, como se tem feito até o momento, mas também em algo que efetivamente simplifique as tarefas que o contribuinte precisa incorrer no pagamento dos seus tributos e fornecimento de informações relevantes para a fiscalização.

Quanto ao custo apontado no item (3), um argumento utilizado com frequência para justifica-lo é que a multa cobrada pelo descumprimento do dever instrumental deveria ser alta justamente para justificar todo o custo de *compliance* tributário incorrido pelos contribuintes, caso contrário poderia se tornar mais barato pagar a multa do que cumprir com esse dever, o que fatalmente estimularia o seu descumprimento.

Esse raciocínio, porém, por mais lógico que possa parecer, esconde um perigo real, que é assumir um viés excessivamente utilitarista que tenha como consequência a inexistência de limites claros para a criação dessas multas pelo legislador e para a sua cobrança pelas autoridades fiscais.

Para evitar esse perigo é necessário reconhecer que estamos, na verdade, diante de um problema com inegável viés jurídico, que é saber até que ponto tais multas podem ser exigidas sem afetar em demasia os direitos constitucionais garantidos aos contribuintes e, ao mesmo tempo, não esvaziar o poder sancionatório das autoridades fiscais, que é necessário para a correta execução das fiscalizações.

Por sua vez, aceitar que o problema do custo das multas devidas por descumprimento de deveres instrumentais é eminentemente jurídico, significa dizer que a construção da sua solução deve se dar no campo jurídico.

Uma solução jurídica aceitável para o problema, a seu turno, traria não apenas segurança jurídica para o ato de cobrar e limitar esse tipo de multa, mas também servirá para reduzir o contencioso administrativo e judicial decorrente dessa discussão, o que poderá trazer sensível economia tanto aos contribuintes que se veem diante de cobranças excessivas, quanto para as autoridades fiscais, que terão mais eficiência na cobrança de multas que estejam dentro dos parâmetros aceitáveis do ponto de vista constitucional e legal.

Assim, a contribuição pretendida pelo autor é o aprofundamento no problema descrito no item (3) sob um viés jurídico e restrito a um tipo específico de multa, aquela cobrada por descumprimento de dever instrumental que não tenha implicado falta de recolhimento do tributo devido, excluindo-se, assim, outros tipos de multa de caráter tributário, as quais serão ou já foram tratadas pelo STF em outros casos[15].

Como o tema é amplo do ponto de vista jurídico, optou-se por analisar apenas uma das suas vertentes, mas que tem se revelado uma das mais desafiadoras no que se refere ao excesso de deveres instrumentais e ao valor das multas pelo seu descumprimento.

Ao final da obra pretende-se propor critérios e premissas que devem ser observados como parâmetro na identificação dos limites das multas

---

[15] A título de exemplo de multas tributárias que não fazem parte desta análise citamos aquelas objeto do RE 882.461/MG (Tema 816 da Lista de Repercussões Gerais do STF) e do RE 736.090/SC.

cobradas por descumprimento de dever instrumental, inclusive que não tenham envolvido sonegação fiscal, de modo que a aplicação dessas multas passe a se dar de forma mais racional e juridicamente segura, equilibrando-se o direito sancionatório das autoridades fiscais e as garantias constitucionais dos contribuintes, assim como fomentando a diminuição do uso das obrigações fiscais como um instrumento com um fim em si mesmo, ou pior, como um instrumento de arrecadação indireto.

Dito isso, no próximo capítulo falaremos de forma mais detalhada sobre o caso que deu origem ao tema 487 da lista de repercussão geral do STF, apontando de maneira precisa a questão nele controversa, cujos contornos já foram expostos nos parágrafos antecedentes, e a metodologia a ser utilizada na construção da resposta a essa questão nos capítulos subsequentes.

2.
O caso objeto do tema 487 da lista de repercussões gerais do STF, a questão controvertida a ser respondida e a metodologia a ser utilizada na construção da resposta

O tema 487 da lista de repercussões gerais do Supremo Tribunal Federal (STF) tem como referência de caso o **Recurso Extraordinário (RE) nº 640.452/RO**, o qual foi interposto pelas Centrais Elétricas do Norte do Brasil S/A (Eletronorte) contra o Estado de Rondônia. O caso teve sua repercussão geral declarada em 7.10.2011 pelo plenário virtual do STF. Na ocasião, o processo era relatado pelo Ministro Joaquim Barbosa, tendo sido transferido para o Ministro Roberto Barroso em 26.6.2013.

Muito embora a análise e julgamento do tema vá além dos fatos concretos pertinentes ao RE nº 640.452/RO selecionado como *leading case*, o entendimento detalhado desses fatos é importante para a correta delimitação e identificação das questões que serão debatidas e julgadas pelos ministros da Suprema Corte e, também, nesta obra. Assim, passaremos à descrição detalhada desses fatos.

A discussão teve origem na lavratura de auto de infração pela Secretaria da Fazenda do Estado de Rondônia contra a Eletronorte para aplicar a multa de 40% sobre o valor total da operação prevista no artigo 78, inciso III, alínea i, da Lei Estadual nº 688/96[16], pelo descumprimento do dever

---

[16] Art. 78 As infrações e as multas sujeitas a cálculo na forma do inciso III, do artigo 76 são as seguintes: (...) III – 40% (quarenta por cento) do valor da operação ou da prestação: (...)

instrumental de emitir notas fiscais relativas ao ICMS no período de 1.1.2002 a 31.12.2002.

A multa originalmente aplicada correspondeu ao valor de **R$ 177.724.184,09**, tendo sido reduzida ainda na esfera administrativa para **R$ 164.822.352,36** após a correção de alguns erros de cálculo decorrentes da inclusão de notas fiscais relativas à operações diversas, não tendo ocorrido a cobrança de quaisquer tributos pela fiscalização do Estado de Rondônia, mas apenas da multa por descumprimento do dever de emitir nota fiscal, haja vista que os tributos devidos na operação já haviam sido recolhidos por substituição tributária pela Petrobrás.

Para entendermos como a Eletronorte cometeu a infração que originou multa de valor tão vultoso, é necessário esclarecer que a empresa atua como distribuidora de energia elétrica na região norte do Brasil, inclusive no Estado de Rondônia. No ano de 2002, visando a obtenção de energia elétrica adicional para atender a demanda dos consumidores finais naquele Estado, a Eletronorte firmou contrato com a empresa Termonorte, a qual passou a produzir a referida energia elétrica por meio de uma usina termoelétrica que funcionava à base de óleo diesel e a fornecê-la para a Eletronorte.

Para que a produção e venda da energia elétrica pela Termonorte a Eletronorte pudesse funcionar a contento, criou-se se uma operação triangular envolvendo a Petrobrás localizada no Estado do Amazonas, fornecedora do óleo diesel, a Termonorte, usina termoelétrica consumidora do óleo diesel localizada em Rondônia, e a Eletronorte, interessada na aquisição do óleo diesel vendido pela Petrobrás e da energia elétrica produzida pela Termonorte com esse óleo diesel.

Na primeira parte da operação triangular, a Eletronorte ficou responsável pela aquisição do óleo diesel junto a Petrobrás, gerando uma operação interestadual de compra de diesel que estava sujeita ao recolhimento tanto do ICMS incidente sobre a operação própria de venda do produto, como do ICMS incidente nas operações subsequentes realizadas com esse óleo diesel pela sistemática da substituição tributária (ICMS-ST). Assim,

---

i) pela aquisição, importação, recebimento, posse, transporte, estocagem, depósito, venda, exportação, remessa ou entrega de mercadorias desacompanhadas do documento fiscal próprio ou em situação fiscal irregular.

ao vender o diesel para a Eletronorte, a Petrobrás recolheu o ICMS da operação própria e o ICMS-ST das operações seguintes.

Muito embora o óleo diesel fosse adquirido pela Eletronorte, a sua entrega efetiva era feita pela Petrobrás diretamente a Termonorte, também localizada em Rondônia, ocasião em que, segundo descrito nos documentos que compõem o processo, a Petrobrás emitiu nota fiscal interestadual para permitir a entrega efetiva do óleo a Termonorte, sem destaque do ICMS, e indicando se tratar de remessa por conta e ordem da Eletronorte, correspondendo essa à segunda parte da operação.

A parte da operação que ocasionou a lavratura do auto de infração para aplicação da mencionada multa diz respeito à relação entre a Eletronorte e a Termonorte.

De acordo com a fiscalização do Estado de Rondônia, nos termos do artigo 577, parágrafo 3, item 1, do Decreto 8.312/98 (RICMS/RO)[17], por se tratar de uma venda à ordem, ainda que a Petrobrás ficasse responsável pelo recolhimento do ICMS e do ICMS-ST, além da entrega efetiva do combustível a Termonorte, a Eletronorte deveria ter emitido, para cada caminhão de diesel entregue pela Petrobrás a Termonorte, uma nota fiscal de remessa simbólica do diesel, sem destaque do ICMS, com a indicação dos dados da Petrobrás, conforme descrito na seguinte ilustração:

---

[17] **Art. 577**. Nas vendas à ordem ou para entrega futura poderá ser emitida Nota Fiscal para simples faturamento, com lançamento do IPI, quando devido, vedado o destaque do ICMS.
§3º No caso de venda à ordem, por ocasião da entrega global ou parcial das mercadorias a terceiros, deverá ser emitida Nota Fiscal: 1 – pelo adquirente originário, com destaque do ICMS, quando devido, em nome do destinatário das mercadorias, consignando-se, além dos requisitos exigidos, nome do titular, endereço e número de inscrição estadual e no CGC(MF) do estabelecimento que irá promover a remessa das mercadorias.

Como deveria ter sido a operação (artigo 577 do RICMS/RO)

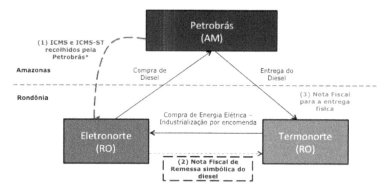

(1) Nota Fiscal de venda à ordem com remessa simbólica de diesel da Petrobrás no Estado do Amazonas para a Eletronorte no Estado de Rondônia, com destaque do ICMS da operação própria e o recolhimento do ICMS-ST das operações seguintes.

(2) Nota Fiscal de Remessa simbólica do diesel da Eletronorte para a Termonorte, sem destaque do ICMS, com indicação dos dados da Petrobrás, que fará a entrega efetiva do diesel para a Termonorte.

(3) Nota Fiscal para a entrega efetiva do diesel da Petrobrás para a Termonorte, sem destaque do ICMS, indicando se tratar de remessa por conta e ordem da Eletronorte. Cerca de 30 caminhões por dia.

* O ICMS devido em toda a operação triangular foi recolhido pela Petrobrás na parte (1) por meio da substituição tributária. A Eletronorte forneceu diesel a Termonorte e adquiriu toda a energia elétrica produzida por ela (industrialização por encomenda)

Não obstante, a Eletronorte não emitiu as notas fiscais de remessa simbólica do diesel para a Termonorte, violando a determinação do artigo do 577 do RICMS/RO e dando origem a aplicação da multa sob discussão.

Na sua defesa, a Eletronorte alegou que eram enviados cerca de trinta (30) caminhões de óleo diesel por dia a Termonorte, o que correspondeu a aproximadamente dez mil caminhões de óleo ao longo do ano de 2002, tornando inviável, na prática, a emissão de um número tão grande de notas fiscais de remessa simbólica.

Explicou, ainda, que informou esse fato a Secretaria da Fazenda do Estado de Rondônia e requereu a concessão de um regime especial que a desobrigasse da emissão das referidas notas fiscais simbólicas, haja vista a dificuldade operacional em emiti-las e o fato do ICMS estar sendo recolhido pela Petrobrás, mas que sequer foi analisado pelas autoridades fiscais, as quais preferiram apenas lavrar o auto de infração. Nesse sentido, confira--se a ilustração abaixo sobre como ocorreu a operação que originou a aplicação da multa, de modo que seja possível visualizar com precisão o ilícito cometido:

Como foi a operação que originou a aplicação da multa

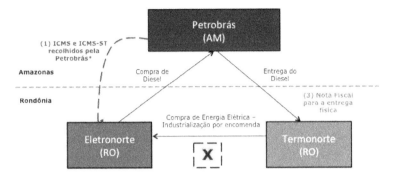

(1) Nota Fiscal de venda à ordem com remessa simbólica de diesel da Petrobrás no Estado do Amazonas para a Eletronorte no Estado de Rondônia, com destaque do ICMS da operação própria e o recolhimento do ICMS-ST das operações seguintes.

(X) Eletronorte não emitiu a Nota Fiscal de Remessa simbólica do diesel para a Termonorte. Fisco alegou saída não documentada de 270.925.575 litros de óleo de diesel. Aplicação de multa por falta de emissão da nota fiscal.

(3) Nota Fiscal para a entrega efetiva do diesel da Petrobrás para a Termonorte, sem destaque do ICMS, indicando se tratar de remessa por conta e ordem da Eletronorte. Cerca de 30 caminhões por dia.

* O ICMS devido em toda a operação triangular foi recolhido pela Petrobrás na parte (1) por meio da substituição tributária. A Eletronorte forneceu diesel a Termonorte e adquiriu toda a energia elétrica produzida por ela (industrialização por encomenda)

É importante destacar que não existe nos autos do processo controvérsia sobre os fatos narrados acima, tendo a própria Eletronorte reconhecido que deixou de emitir as notas fiscais de remessa simbólica que justificaram a cobrança da multa por descumprimento de obrigação acessória. Além disso, as autoridades fiscais também mencionaram nas suas manifestações que a infração não envolvia a falta de recolhimento de tributos. Também é incontroverso no processo que não houve prejuízo significativo para o trabalho de fiscalização em razão da não emissão das notas fiscais de remessa simbólica.

O próprio relator Ministro Joaquim Barbosa deixou expressamente consignado essa peculiaridade no voto que declarou a repercussão geral da matéria em discussão, utilizando-a como uma das razões para selecionar o caso como *leading case*, conforme o trecho do voto abaixo transcrito:

> (...) De fato, diante do potencial de variações dos quadros fáticos-jurídicos, é altamente improvável que se possa firmar precedente genérico que reconheça como constitucionais ou inconstitucionais, em todo e qualquer caso, multas fixadas em patamares inferiores a 100% do valor das operações (5%,

10%, 40% etc). As violações constitucionais, se existentes, costumam estar ligadas às circunstâncias específicas de cada caso, nem sempre bem retratadas.

Porém, neste caso, não há controvérsia acerca da situação de fato. Estamos diante de discussão alçada exclusivamente ao plano constitucional.

Quanto ao potencial de repetição, anoto que inúmeros entes federados também adotam a técnica das "multas isoladas".

No seu voto, o Ministro Joaquim Barbosa ainda consignou tratar o caso da cobrança de multa isolada, que tem por hipótese uma omissão ou um erro puramente formal, sem consequência no montante efetivamente devido ou recolhido a título de tributo, de modo a delimitar o tipo de multa a ser analisada pelo STF. Confira-se mais alguns trechos do voto nesse aspecto:

> (...) Em sentido diverso, a "multa isolada" nem sempre está relacionada à intensidade do ato ilícito, pois ela tem por hipótese uma omissão ou um erro puramente formal, sem consequência direta no montante efetivamente devido a título de tributo.
> Em uma de suas modalidades, a "multa isolada" é exigida quando o contribuinte obrigado a apurar o montante devido e a recolher esse valor independentemente de qualquer iniciativa da administração efetua o pagamento em atraso, porém antes do início do controle próprio da homologação ou do lançamento por dever de ofício. Como é de amplo conhecimento, o Código Tributário Nacional prevê a figura da denúncia espontânea para servir de parâmetro de controle para esse tipo de norma.
>
> Na modalidade enfrentada nos autos, a "multa isolada" não se refere a atraso de pagamento. Ela é "isolada" em razão da inexistência de tributo devido em decorrência da conduta punida. Essa circunstância está bem demarcada nos autos, conforme demonstra o seguinte trecho do recurso administrativo que examinou a material: (...)

A partir da descrição desses fatos já é possível identificar as premissas necessárias para delimitar de forma clara e precisa o tipo de multa que é objeto de análise do tema 487 da lista de repercussões gerais do STF e que, portanto, será tratada ao longo desta obra. Referida multa deve observar, cumulativamente, as seguintes características:

(i) deve corresponder à penalidade decorrente do descumprimento de dever instrumental vinculado, direta ou indiretamente, a um determinado tributo e que possa ser exigido pelas autoridades fiscais (federais, estaduais, distritais ou municipais). Isso significa que está fora do escopo do tema 487 a análise das multas decorrentes de deveres ou obrigações que não estejam vinculados, direta ou indiretamente, com um tributo[18];

(ii) deve corresponder a uma penalidade pecuniária, excluindo-se assim as penalidades que são meramente restritivas de direitos;

(iii) o ato ilícito praticado pelo contribuinte não pode ter implicado na falta de recolhimento de tributo que seja, direta ou indiretamente, relacionado com o dever instrumental descumprido.

Uma vez delimitado de maneira detalhada o tipo de multa objeto do caso sob estudo, passaremos agora à exposição do andamento do processo e da questão controvertida decorrente dos fatos anteriormente narrados, seguida da exposição da metodologia a ser utilizada na construção da resposta que será proposta ao final da obra.

Não tendo sucesso na esfera administrativa e diante do alto valor absoluto da multa exigida (**R$ 164.822.352,36**), a Eletronorte impetrou, em 11.9.2008, mandado de segurança contra o Sr. Gerente de Arrecadação do Estado de Rondônia pedindo a extinção da multa isolada cobrada ou, na pior das hipóteses, para reduzi-la drasticamente a 0,1% da transação ou outro valor julgado razoável.

---

[18] A título exemplificativo, o Autor cita o caso do SISCOSERV, que é um dever criado pela Receita Federal em conjunto com o Ministério do Desenvolvimento, Indústria e Comércio Exterior (MDIC) e que tem por finalidade fornecer as autoridades fiscais informações sobre serviços prestados ou recebidos de pessoas localizadas no exterior ou sobre outras operações envolvendo pessoa localizada no exterior que tenha implicado em variação no patrimônio. Apesar desse dever ser exigido pelas autoridades fiscais, não há qualquer tributo a ele vinculado, direta ou indiretamente. Trata-se de um caso específico em que o dever é utilizado exclusivamente para fornecer dados estatísticos as autoridades e, por isso mesmo, sua própria natureza de dever instrumental tributária é questionável. Multas decorrentes do descumprimento desse tipo de dever não estão no escopo do tema 487 e nem da presente obra.

Logo na sentença de primeira instância, o juiz concedeu parcialmente a segurança e determinou a redução da multa cobrada de 40% para 10% do valor da transação, reduzindo a multa de R$ 164.822.352,36 para R$ 44.431.046,02.

Na sentença, o juízo de primeira instância sustentou que a multa era legal, haja vista o efetivo descumprimento do dever instrumental, o que era incontroverso nos autos, mas que seria desproporcional e irrazoável cobrar multa no patamar de 40% do montante da transação, tendo diminuído a multa para 10% por julgar que esse patamar atenderia aos princípios da proporcionalidade e razoabilidade, sem contudo explicar como chegou nesse percentual.

Ao julgar o recurso de apelação da Eletronorte, o Tribunal de Justiça de Rondônia também reconheceu que não havia ilegalidade na cobrança da multa pelos mesmos motivos da sentença, mas determinou a sua redução para o patamar de 5% da transação, reduzindo a multa para R$ 22.215.523,01.

No acórdão, os desembargadores entenderam que 5% do valor da transação estaria em consonância com os princípios da proporcionalidade e razoabilidade, assim como com o princípio do não-confisco, mas novamente não foi explicado de forma precisa como se chegou no referido patamar e porque ele seria proporcional e razoável, passando-se a impressão que os desembargadores simplesmente intuíram o percentual de 5%.

Tampouco se conformando com o percentual de 5%, cujo valor absoluto ainda é alto, a Eletronorte interpôs, em 16.6.2010, recurso extraordinário ao STF visando o cancelamento integral da multa ou a sua redução para valores menores, cuja repercussão geral foi declarada, como já explicado.

A Procuradoria da República se manifestou, em 22.11.2012, favoravelmente a Eletronorte, tendo apontado que mesmo com a redução para cerca de R$ 22 milhões, a multa ainda seria excessiva e que a não emissão da nota fiscal não teria atrapalhado em nada a fiscalização estadual. Sem se aprofundar, a Procuradoria também mencionou que a jurisprudência do STF seria pacífica quanto à possibilidade de redução das multas fiscais pelo Poder Judiciário, à luz dos princípios constitucionais da razoabilidade e da vedação ao confisco.

É preciso mencionar, porém, que em 29.11.2012 a Eletronorte apresentou petição informando que aderiu ao Programa de Recuperação de Créditos da Fazenda Pública Estadual (REFAZ V) instituído pela Lei

2.840/2012 pelo Estado de Rondônia, por meio do qual quitou a multa com descontos substanciais. Em vista disso, requereu a desistência do recurso extraordinário.

No cenário anterior à vigência do novo Código de Processo Civil – CPC (Lei 13.105/2015), referido pedido de desistência poderia significar a troca do *leading case* objeto do tema 487 da lista de repercussões gerais tão logo a desistência fosse homologada.

Com a entrada em vigor do novo CPC em 18.3.2016, entretanto, criou-se dispositivo específico para tratar desse tipo de situação. Segundo o artigo 998, parágrafo único, do novo CPC, *"a desistência do recurso não impede a análise de questão cuja repercussão geral já tenha sido reconhecida e daquela objeto de julgamento de recursos extraordinários ou especiais repetitivos"*.

Considerando que a nova norma processual passou a ser aplicada de forma imediata aos processos em curso tão logo entrou em vigor o novo CPC (artigo 14), o STF irá manter o RE nº 640.452/RO como sendo o *leading case* que servirá de referência para o julgamento do tema 487, independentemente do pedido de desistência, especialmente considerando a dificuldade em encontrar um caso com as mesmas peculiaridades e cujos fatos não sejam controversos, como apontado no voto que declarou a repercussão geral.

Além da expressa determinação existente no novo CPC, a manutenção do RE nº 640.452/RO também é necessária, já que a análise dos seus fatos concretos dão os contornos necessários para delimitar a multa a ser examinada pelo STF e também para definir a questão controvertida a ser solucionada pelo tribunal no tema 487.

Nesse sentido, como vimos acima, tanto em primeira quanto em segunda instâncias foi reconhecida a legalidade da cobrança da multa, já que de fato houve a prática de ato ilícito pela Eletronorte consubstanciada na falta de emissão das notas fiscais de remessa simbólica, sendo irrelevante para esse fim a ausência de prejuízo financeiro ao Erário, segundo os julgadores estaduais.

Não obstante a legalidade da cobrança da multa, esses mesmos julgadores se preocuparam em verificar se, no patamar cobrado, a multa estaria atendendo aos princípios constitucionais do não confisco, da proporcionalidade e da razoabilidade em vista do alto valor absoluto da multa e da ausência de sonegação fiscal no caso concreto, o que denota que a questão controversa gira em torno de definir os limites de valor a serem observados na cobrança de multa por descumprimento de dever instrumental, ainda que a cobrança dessa penalidade seja juridicamente legal.

Para explicar a relevância da matéria a ser julgada e justificar a repercussão geral, o Ministro Joaquim Barbosa consignou no seu voto que, em vista do aumento da complexidade e da quantidade de deveres instrumentais, *indagar acerca de quais são os parâmetros constitucionais que orientam a atividade do legislador infraconstitucional na matéria representará, sem dúvidas, grande avanço de segurança jurídica.*

Percebe-se aí, portanto, uma preocupação do STF em encontrar e expor parâmetros e limites constitucionais claros que devam ser observados para a cobrança e o cálculo do valor dessas multas quando elas forem cabíveis, de modo que o Poder Judiciário tenha ferramentas mais precisas para identificar eventual desproporcionalidade e irrazoabilidade e possa fixar um percentual adequado para tais multas ou afastar a sua cobrança, conforme se extrai a partir da leitura da ementa do voto que declarou a repercussão geral:

> EMENTA: CONSTITUCIONAL. TRIBUTÁRIO. PUNIÇÃO APLICADA PELO DESCUMPRIMENTO DE OBRIGAÇÃO ACESSÓRIA. DEVER INSTRUMENTAL RELACIONADO À OPERAÇÃO INDIFERENTE AO VALOR DE DÍVIDA TRIBUTÁRIA (PUNIÇÃO INDEPENDE DE TRIBUTO DEVIDO). "MULTA ISOLADA". CARÁTER CONFISCATÓRIO. PROPORCIONALIDADE. RAZOABILIDADE.
>
> QUADRO FÁTICO-JURÍDICO ESPECÍFICO. PROPOSTA PELA EXISTÊNCIA DA REPERCUSSÃO GERAL DA MATÉRIA CONSTITUCIONAL DEBATIDA.
>
> Proposta pelo reconhecimento da repercussão geral da discussão sobre o caráter confiscatório, desproporcional e irracional de multa valor variável entre 40% e 05%, aplicada à operação que não gerou débito tributário.

Assim, em vista das considerações acima, a questão controversa a ser respondida pelo STF no tema 487 da lista de repercussões, e também nesta obra, corresponde a duas indagações que mantêm relação entre si: **Existe algum limite que deve ser observado para a cobrança de multa pecuniária devida por descumprimento de dever instrumental nas situações em que não houve, direta ou indiretamente, falta de recolhimento de tributo? Em caso positivo, qual seria esse limite?**

Para a construção da resposta à questão controversa acima explicada, optou-se por utilizar como eixo central da metodologia o estudo aprofundado da jurisprudência histórica do STF acerca dos limites aplicáveis às multas tributárias, de tal sorte que o primeiro passo para essa construção será identificar por meio do exame sistemático das decisões do STF os principais motivos que levaram a corte a decidir ao longo dos anos pela limitação das multas cobradas por falta de recolhimento de tributos.

Uma vez identificadas e sintetizadas as premissas pacificadas pelo STF acerca da limitação das multas tributárias, o passo seguinte será apontar as lacunas a serem preenchidas para aplicar tais premissas aos casos de multa devida por descumprimento de dever instrumental, inclusive nas hipóteses que não resultaram na falta de tributo.

A participação da doutrina especializada se dará, sobretudo, para preencher essas lacunas e, também, para aprofundar o estudo de conceitos e princípios utilizados pela corte na limitação das multas fiscais, de modo que seja possível adaptá-los ao presente caso.

Ao final desse estudo, terá sido reunida a base jurídica necessária (tanto o referencial jurisprudencial como teórico) para avaliar se existem limites à multa devida por descumprimento e, desse modo, construir a hipótese de resposta para a questão controversa que foi descrita nos parágrafos precedentes e, por consequência, propor uma solução juridicamente embasada para o tema 487 da lista de repercussões gerais do STF.

Portanto, em termos metodológicos, pretende-se alcançar uma conclusão a partir de uma cadeia de passos lógicos e consistentes, tendo como ponto de partida o exame da jurisprudência do STF para a identificação de premissas, seguida da construção de um referencial que complemente e refine essas premissas, de modo que seja possível aplicá-las ao caso sob análise, até se chegar numa proposta de solução à questão controversa.

Frise-se, por fim, a preocupação de que a base jurídica a ser exposta para respaldar a hipótese de resposta esteja alinhada com o entendimento preponderante e as premissas existentes na jurisprudência histórica do STF sobre a questão de limitação das multas fiscais, de tal sorte que se proponha uma solução ao problema objeto desta obra em linha com o pensamento histórico da corte, fortalecendo assim a segurança jurídica que se pretende encontrar nas decisões do Supremo Tribunal.

A opção em dar maior protagonismo aos precedentes do STF e a forma de fazê-lo será mais bem explicada no capítulo 3.

3.
A posição histórica do STF sobre a limitação das multas tributárias: um estudo das decisões da corte

3.1. A relevância da jurisprudência do STF para a solução do tema 487 e os parâmetros utilizados na pesquisa e análise das decisões do tribunal

Começamos o terceiro capítulo com uma constatação exposta pelo então Ministro do STF Teori Zavascki na sua apresentação realizada durante o 18º Congresso Internacional de Direito Constitucional organizado pelo Instituto Brasiliense de Direito Público (IDP) em Novembro de 2015[19].

Segundo o ministro, *o modelo de prestação jurisdicional no Brasil, o qual historicamente atribuiu papel secundário à jurisprudência, está se transformando e, na prática jurídica, caminhando a passos largos para a valorização dos precedentes judiciais e da jurisprudência para além do que dita a doutrina clássica (na qual o ordenamento positivo ocupa espaço central entre as fontes do direito), aproximando--se mais do Common Law.*

Na opinião dele, cada vez mais a jurisdição constitucional brasileira se estrutura em torno da valorização dos precedentes judiciais e da jurisprudência para além do que tradicionalmente se vê num regime de Civil Law,

---

[19] Conforme notícia divulgada pelo Consultor Jurídico em 10.11.2015 disponível em http://www.conjur.com.br/2015-nov-10/caminhamos-passos-largos-common-law-teori-zavascki. Acessado em 2.4.2016.

havendo um aumento do que o ex-Ministro Teori chama de "eficácia expansiva das decisões judiciais", especialmente daquelas proferidas pelo STF[20].

Essa opinião em particular, compartilhada por outros ministros da corte, foi exposta de forma mais detalhada no julgamento da Reclamação nº 4.335/AC pelo Plenário do STF em 20.3.2014. Na ocasião, o Supremo analisou a eficácia expansiva das suas decisões proferidas em controle difuso de constitucionalidade e a evolução do sistema jurídico brasileiro, que cada vez mais reconhece a natureza *ultra partes* dos efeitos das decisões prolatadas pelo STF.

O tema de fundo da Reclamação nº 4.335/AC era a necessidade de se afastar, por inconstitucionalidade, o óbice legal à progressão de regime prisional nos casos de crimes hediondos, questão que já havia sido decidida definitivamente pela corte no HC nº 82.959/SP, mas cuja posição não estava sendo observada pelo juízo de primeira instância por considerar que não estaria vinculado ao entendimento do STF, uma vez que foi formado em sede de controle difuso de constitucionalidade[21].

O STF discutiu, em essência, o alcance dos efeitos de suas próprias decisões por meio da análise de duas grandes questões: a ocorrência da mutação constitucional da regra prevista no artigo 52, inciso X, da CF/88[22] acerca da necessidade ou não da edição de resolução pelo Senado Federal para dar eficácia ampla às decisões do STF, e a questão da eficácia expansiva

---

[20] Em adição à valorização da jurisprudência, é possível observar, também, um maior ativismo judicial, inclusive em matéria de limitação das sanções tributárias no Brasil, o que demonstra que após a Constituição Federal de 1988 e, especialmente nos últimos dez anos, o Poder Judiciário brasileiro passou a desempenhar um papel político muito importante como resultado de uma maior independência na aplicação das regras constitucionais. Nesse sentido, confira o seguinte artigo: Durço, Karol Araújo. *O ativismo judicial e a fixação de limites para as sanções tributárias no Brasil* in Revista Brasileira de Direito Tributário e Finanças Públicas n. 54, jan/fev 2016, p. 59-79.

[21] A Reclamação nº 4.335/AC tinha como relator o Ministro Gilmar Mendes e foi ajuizada perante o Supremo Tribunal Federal pela Defensoria Pública do Estado do Acre, em maio de 2006, em favor de vários apenados, os quais, no cumprimento das respectivas sentenças, tiveram indeferido, pelo juiz da vara de execuções penas da Comarca de Rio Branco, o pedido de progressão de regime prisional, pois referido juiz tinha um entendimento contrário ao STF acerca da inconstitucionalidade do §1º do artigo 2º da Lei nº 8.072/1990 e entendia que não estava vinculado a posição do STF sobre a matéria.

[22] Art. 52, inciso X, da CF/88: "Compete privativamente ao Senado Federal: [...] X – suspender a execução, no todo ou em parte, de lei declarada inconstitucional por decisão definitiva do Supremo Tribunal Federal.

e persuasiva das decisões do STF em controle difuso de constitucionalidade.

A despeito de posições divergentes entre os ministros, notadamente em relação à mutação constitucional da regra prevista artigo 52, inciso X, da CF/88, houve o reconhecimento nos vários votos proferidos, em maior ou menor grau, da influência e impacto das questões decididas em controle difuso de constitucionalidade nas próprias decisões da corte ou naquelas proferidas nas demais instâncias jurisdicionais.

Nesse sentido, cabe transcrever o voto do Ministro Ricardo Lewandowski (pg. 126 do Acórdão), o qual criticou a tese de mutação constitucional defendida pelo Ministro Gilmar Mendes, por entender que ela traria excessiva concentração de atribuições ao STF, prejudicando a separação dos poderes, mas ainda assim reconheceu a influência das decisões do STF para o ordenamento jurídico nacional e que elas constituem fonte de direito, mesmo quando proferidas em controle difuso de constitucionalidade:

> (...) Reconheço que, na prática cotidiana dos tribunais, as questões decididas pelo STF, no controle difuso de constitucionalidade, têm considerável impacto tanto nas decisões da própria Corte como naquelas proferidas nas demais instâncias jurisdicionais. Não extraio, porém, desse fato, a força necessária para atribuir novos contornos ao art. 52, X, da Constituição Federal.
>
> Isso porque se está diante de dois fenômenos jurídicos que, embora acarretem resultados semelhantes, não podem ser confundidos entre si. O primeiro corresponde às decisões que produzem o denominado efeito *erga omnes*, que as tornam oponíveis a todos; o outro se refere às decisões que, pela autoridade do órgão jurisdicional que as prolatou, constituem fonte de Direito, como, de resto, ocorre com a jurisprudência em geral.
>
> Esclareço melhor. Se, por um lado, o Regimento Interno do Supremo Tribunal Federal confere a seus Ministros a competência para julgar monocraticamente determinado recurso extraordinário quando a decisão está em consonância com a jurisprudência predominante, não estão eles, de outro, obrigados a se curvar ao entendimento predominante na Casa, salvo em se tratando de posição estabelecida em controle concentrado de constitucionalidade ou por meio de súmula vinculante. No primeiro caso, tem-se a manifestação da força dos precedentes da Casa, como fonte de Direito; no segundo, um exemplo da força cogente do efeito *erga omnes*.

Em seu voto-vista (pgs. 149 a 169 do Acórdão), o ex-Ministro Teori Zavascki, por sua vez, atribuiu razão ao Ministro-relator Gilmar Mendes quanto ao entendimento de que as decisões do STF em controle difuso de inconstitucionalidade têm natural aptidão expansiva.

Com base em um extenso apanhado histórico de decisões do próprio STF tomadas em casos concretos, demonstrou que com cada vez mais intensidade os precedentes judiciais dos Tribunais Superiores vêm ganhando força persuasiva e expansiva, constituindo-se em verdadeira fonte de direito, o que fez com que diversos julgados do STF que, embora prolatados em controle difuso de constitucionalidade e, em alguns casos, anteriores ao próprio regime de repercussão geral, preocuparam-se com a aplicação da modulação de efeitos prevista no artigo 27 da Lei nº 9.868/1999.

Essa posição do ex-Ministro Teori Zavascki, inclusive, diferiu apenas em intensidade da que foi adotada pelo Ministro Relator, que também defendeu a força normativa dos julgados do STF, independentemente de resolução do Senado, de repercussão geral ou de súmula vinculante.

Cumpre destacar que, na sua dissertação de mestrado defendida na Universidade Federal do Rio Grande do Sul no ano de 2000, o Ministro Teori Zavascki já apontava para a natural vocação expansiva das decisões sobre a constitucionalidade das normas, o que seria especialmente relevante em face do princípio da igualdade perante a lei e da segurança jurídica, que estariam fatalmente comprometidos quando fossem adotadas posições jurídicas antagônicas a depender do juiz que apreciar o caso[23].

No mesmo sentido, o Ministro Roberto Barroso em seu voto (pgs. 182 e 183) também reconheceu que o papel dos precedentes e da jurisprudência no sistema brasileiro vem mudando ao longo do tempo e os dois grandes sistemas jurídicos (Civil Law e Common Law) vêm se aproximando.

O ministro pontuou, inclusive, que considera saudável essa mudança, apesar das críticas existentes em parte da doutrina, pois o respeito aos precedentes e à expansão do papel das decisões judiciais atenderia a três princípios constitucionais importantes: segurança jurídica (com maior previsibilidade e menos instabilidade do sistema), isonomia (evita desfechos

---

[23] ZAVASCKI, Teori Albino. *Eficácia das Sentenças na Jurisdição Constitucional*. Dissertação de Mestrado apresentada em Agosto de 2000 a Faculdade de Direito da Universidade Federal do Rio Grande do Sul pp. 22-38.

diferentes para situações similares) e eficiência (a prestação jurisdicional fica mais fácil e rápida).

Uma contribuição importante do voto do Ministro Barroso se refere ao destaque que ele deu nesse contexto à necessidade do STF dar maior importância às suas próprias decisões, pois, ainda que não haja uma vinculação propriamente dita a essas decisões na linha da doutrina do *stare decisis*[24] presente no sistema jurídico norte-americano, deve existir no mínimo uma vinculação moral da corte com sua própria jurisprudência:

> (...) Portanto, na medida em que nós estejamos valorizando os precedentes, teremos que tratar com maior importância os nossos próprios precedentes. E isso se insere neste saneamento que nós todos reconhecemos que precisamos fazer para julgar menos e melhor e, evidentemente, com mais constância.
>
> De modo que acho que os Ministros Teori, Gilmar e eu temos uma posição relativamente consensual – e, a meu ver, Vossa Excelência também – no sentido de que é importante essa expansão dos precedentes. E, embora os precedentes só vinculem verticalmente para baixo, na linha da doutrina da **stare decisis**, eles, em alguma medida moral deviam vincular horizontalmente, ou seja, o próprio tribunal preservar, na medida do possível, a sua jurisprudência.

O fato é que a orientação do STF no sentido de atribuir eficácia expansiva e persuasiva, inclusive para suas decisões proferidas em sede de controle incidental de constitucionalidade, é um indicativo de amadurecimento institucional do processo decisório da corte e acaba favorecendo, por consequência lógica, todas as benesses que o respeito aos precedentes apresenta.

Note-se, também, que a própria legislação e não apenas a jurisdição passou a valorizar mais a jurisprudência e os precedentes, o que se constata a partir da criação das sistemáticas de repercussão geral e recurso repetitivo pela Emenda Constitucional nº 45/2004, além da possibilidade da

---

[24] *Stare Decisis* é a política que exige que as cortes subordinadas à corte de última instância que estabelece o precedente sigam aquele precedente e não mudem uma questão decidida. Esse princípio, aplicando a doutrina do *stare decisis* para estabelecer precedente vinculante, veio para a cultura dos Estados Unidos da tradição do *Common Law* inglês. (COLE, Charles D. *Stare Decisis na cultura jurídica dos Estados Unidos. O sistema do precedente vinculante do common law* in Revista dos Tribunais, São Paulo, RT (752), 1998, pp. 11-12)

modulação dos efeitos das decisões proferidas pelo STF estabelecida pelo artigo 27 da Lei nº 9.868/99.

Seguindo essa mesma linha, o novo Código de Processo Civil (Lei nº 13.105/2015) aprofundou essa ideia ao instituir nos seus artigos 926, 927 e 928, ainda que de forma cautelosa, a porta de entrada para o *stare decisis*.

Apesar desses artigos terem por objeto a jurisprudência dos tribunais, e não propriamente os precedentes judiciais[25], eles são suficientes, somados aos princípios da segurança jurídica e isonomia, para a construção de um verdadeiro dever de seguir as decisões judiciais proferidas pelos tribunais superiores brasileiros, fornecendo material suficiente para a construção de uma versão tropicalizada e com diversos ajustes da doutrina do *stare decisis*.

Isso se percebe com maior clareza no artigo 926 do novo CPC, segundo o qual *os tribunais devem uniformizar sua jurisprudência e mantê-la estável, íntegra e coerente*. Com efeito, a partir da institucionalização dos deveres de uniformização, estabilidade, integridade e coerência da jurisprudência, estabelece-se um dever geral de tutelar a segurança jurídica nas decisões judiciais, marcadamente nos posicionamentos dos tribunais, o que torna pouco crível o funcionamento do sistema judicial brasileiro sem uma observância mínima à algumas das ideias preconizadas pelo sistema de *stare decisis*[26], de modo que deve perder força a lógica de "cada cabeça uma sentença" presente no CPC/73 revogado.

É bem verdade que atribuir eficácia expansiva e persuasiva às decisões dos tribunais superiores, assim como exigir coerência e estabilidade da

---

[25] Seguindo os preceitos bem esclarecidos por Juliana Furtado Costa, cabe diferenciar jurisprudência de precedente no direito brasileiro. Enquanto jurisprudência corresponde ao conjunto de julgados que expressam o entendimento preponderante de um determinado tribunal, refletindo a ideia de quantidade de julgados que apontam para um determinado sentido, o precedente, em sentido estrito, seria uma decisão proveniente dos tribunais superiores com força e consistência suficientes, por si só, para influenciar a solução de casos similares julgados pelas demais instâncias. (O novo CPC e seu impacto no direito tributário, coordenadores Paulo Cesar Conrado e Juliana Furtado Costa Araujo, São Paulo, Fiscosoft, 2015, pp. 101-126)

[26] Nesse sentido vide MACÊDO, Lucas Buril de. *A disciplina dos precedentes judiciais no direito brasileiro: do anteprojeto ao código de processo civil* in Novo CPC e o processo tributário, coordenadores Antonio Carlos F. de Souza Júnior, Leonardo Carneiro da Cunha, São Paulo, Foco Fiscal, 2015, pp. 217-254.

jurisprudência, não é o mesmo que criar um sistema de precedentes com caráter normativo ou atribuir-lhes efeito vinculativo, residindo aí uma diferença substancial com o Common Law e a doutrina do *stare decisis*.

Também é verdade que a aproximação do Brasil à cultura do Common Law é imperfeita e existem diversas críticas na doutrina especializada[27], dentre as quais destacamos a carência de bases cientificas para a mixagem que se tem feito no Brasil entre as duas culturas, a ausência de decisões em que a tese jurídica afirmada esteja mais nítida, i.e., o juiz deve se preocupar não apenas em resolver o caso concreto, mas com os efeitos daquela decisão para a coerência do sistema jurídico, e particularmente o fato de se estar criando uma espécie de codificação das decisões judiciais dos tribunais superiores, como se essas decisões fossem verdadeiras leis e houvesse apropriação de funções legislativas pelos nossos tribunais.

A despeito dessas ressalvas, o fato é que a realidade prática que se vivencia nos tribunais brasileiros aponta para o que restou bem caracterizado na decisão proferida pelo STF na Reclamação nº 4.335/AC no sentido de que as decisões da corte, inclusive aquelas proferidas em controle incidental de constitucionalidade, têm força expansiva e persuasiva, ainda que não sejam vinculativas, servindo como fonte do direito e relevante mecanismo de influência no processo decisório dos tribunais brasileiros, inclusive do próprio STF.

O reconhecimento dessa realidade como parte da elaboração de uma proposta de solução para o tema 487 da lista de repercussões gerais fortalece a ideia da jurisprudência como uma fonte importante de direito e serve para afastar do processo decisório a aleatoriedade, o casuísmo e o subjetivismo, sendo importante que o próprio STF se dedique a tarefa de conhecer e compreender os seus julgamentos passados antes de decidir a respeito desse novo caso, pois isso torna possível sujeitar a nova decisão

---

[27] No que se refere às críticas a respeito da aproximação da forma de decidir dos tribunais brasileiros e o Common Law cabe citar, exemplificadamente, os seguintes artigos: RIBEIRO, Diego Diniz. *O incidente de resolução de demandas repetitivas: Uma busca pela Common Law ou mais um instituto para a codificação das decisões judiciais?* in O novo CPC e seu impacto no direito tributário, coordenadores Paulo Cesar Conrado e Juliana Furtado Costa Araujo, São Paulo, Fiscosoft, 2015; e JÚNIOR, HUMBERTO THEODORO, NUNES, DIERLE, BAHIA, ALEXANDRE. *Breves considerações sobre a politização do Judiciário e sobre o panorama de aplicação no direito brasileiro – Análise da convergência entre o civil law e o common law e dos problemas da padronização decisória* in Revista de Processo (REPRO) n. 189, São Paulo, Editora Revista dos Tribunais, pp. 09-52.

judicial aos critérios de coerência e compatibilidade, trazendo maior racionalidade ao processo decisório[28].

Assim, se parte da eficiência e consistência da decisão que será proferida na sistemática de repercussão geral para solucionar o tema 487 depende dos ministros do STF estarem imbuídos no objetivo de construir, coletiva e dialogicamente, uma decisão que exprima o entendimento majoritário (ou unânime) e nítido do tribunal, é também possível concluir, pelo que foi exposto anteriormente, que a outra parte do trabalho para se alcançar uma solução satisfatória para o tema 487 depende da identificação e exposição, de forma organizada e detalhada, da posição historicamente preponderante da corte em tema semelhante (limitação das multas tributárias) e das razões que levaram à essa posição.

Note-se a esse respeito que buscar as razões preponderantes que fundamentaram a posição do STF ao longo dos julgamentos passados sobre tema semelhante e exigir da corte uma coerência com essas razões ajuda na proposição de uma solução estruturante para o problema em questão que seja capaz de superar eventuais pretensões de autossuficiência decisória dos ministros, de modo que ao final do julgamento do tema 487 se crie um novo precedente cujas premissas e conclusões guardem coerência, estabilidade e integridade com a jurisprudência histórica do STF e, dessa forma, tenha maior capacidade de ser refletida em outros casos envolvendo a mesma matéria de fundo ou similar.

Ademais, o estudo da jurisprudência do STF também deve se dar em razão da percepção de que a jurisdição constitucional é criada aos poucos, não se formando da noite para o dia e nem por ação de uma pessoa. Trata-se, portanto, de uma construção paulatina.

---

[28] Aplicar lições do passado para resolver problemas no presente e no futuro é parte básica da racionalidade prática do ser humano. Seguindo esse racional, não há melhor forma para um advogado compreender o centro de um sistema jurídico do que se questionar como esse sistema lida com os precedentes, de modo que as decisões proferidas no passado possam servir de modelo e guia para solucionar o problema do presente. (tradução livre – vide MACCORMICK, Neil; SUMMERS, Robert S (editors). *Interpreting precedents: a comparative study*, Aldershot, Ashgate/Dartmouth, 1997, p. 1). A ideia aqui adotada de que o exame das decisões proferidas no passado está atrelada ao próprio modelo decisório utilizado pela natureza humana segue também a linha exposta em: BUSTAMANTE, Thomas da Rosa de. *Teoria do precedente judicial: A justificação e a aplicação de regras jurisprudenciais*, São Paulo, Noeses, 2012, pp. 190-205; e ALEXY, Robert. *Teoria da argumentação jurídica*, 2 ed., São Paulo, Landy, 2005, p. 264.

São por esses motivos que se optou nesta obra pela realização do estudo aprofundado da jurisprudência do STF acerca dos limites aplicáveis às multas tributárias, assim como por utilizar as razões e fundamentos preponderantes encontrados nesse estudo como eixo central na construção da resposta à questão controvertida tratada no tema 487.

A escolha por limitar o estudo apenas às decisões proferidas pelo Supremo Tribunal Federal se deu por alguns motivos específicos, a seguir elencados:

1. as razões preponderantes que constam nas decisões proferidas pelo STF ao longo dos anos acerca da limitação das multas tributárias são representativas do entendimento histórico da corte e têm maior capacidade de influência sobre os atuais ministros no processo decisório relativo ao tema 487, sendo que a quase totalidade dos ministros que estão atualmente na corte já proferiram eles mesmos decisões sobre essa temática (exceção feita apenas ao Ministro Edson Fachin);
2. a análise das questões controvertidas objeto do tema 487 têm contorno eminentemente constitucional, estando dentro da jurisdição do STF;
3. por ser órgão jurisdicional de hierarquia superior, as decisões do STF, evidentemente, se sobrepõem às dos demais órgão judicantes. Além disso, é papel do STF uniformizar a posição do Poder Judiciário sobre o assunto e afastar eventuais divergências existentes. Esse papel acaba refletindo nas suas próprias decisões e dando-lhes uma capacidade de influência superior a dos demais tribunais;
4. embora as decisões analisadas no estudo não tenham, na sua quase totalidade, força vinculante, elas têm força persuasiva, inclusive dentro do próprio tribunal, conforme já explicado; e
5. necessidade de limitar a extenuante tarefa de análise jurisprudencial a um único tribunal em razão dos recursos materiais disponíveis.

Pela forma como se dá o processo decisório do STF, em que os Acórdãos da corte podem ser formados por um conjunto de votos que nem sempre se comunicam entre si, a execução desse estudo esbarrou num primeiro momento no desafio de como identificar um posicionamento que pudesse ser entendido como verdadeiramente do tribunal, superando divergências individuais de alguns ministros.

Para superar esse desafio, optou-se por fazer uma análise exaustiva das decisões do STF envolvendo o tema da limitação das multas de caráter tributário, i.e., os casos em que se discutiu a validade e o limite das multas cobradas em razão do não recolhimento do tributo, do seu recolhimento em atraso ou por descumprimento de um dever instrumental. Portanto, a opção pela análise exaustiva da jurisprudência do STF não foi fortuita.

Além disso, para trazer maior grau de credibilidade para o resultado dessa análise, procurou-se adotar, do ponto de vista metodológico, a maior neutralidade possível por meio da orientação objetiva de simplesmente identificar e descrever as decisões do STF envolvendo a temática da limitação da multa tributária, despindo-se nessa análise jurisprudencial de viés ideológico até o limite do reconhecidamente possível nas ciências humanas.

Definidas essas premissas, o passo seguinte consistiu em buscar e identificar decisões da corte que se enquadrassem nesse perfil. Como o próprio Supremo Tribunal Federal dá amplo acesso a todas a decisões já proferidas pela corte por meio do seu site na internet (www.stf.jus.br), mesmo aquelas proferidas em épocas nas quais a internet ainda não existia ou não era facilmente acessível, a pesquisa foi realizada principalmente no site oficial da corte e complementada por buscas no site www.decisoes.com.br, que é reconhecidamente um site de busca de decisões judiciais e administrativas que permite o acesso a um amplo banco de dados.

Adicionalmente, também foi examinada as edições da Revista Trimestral de Jurisprudência (RTJ) que é publicada pelo Supremo Tribunal Federal contendo as decisões da corte desde o ano de 1957. A primeira edição da RTJ contém os Acórdãos do STF proferidos a partir do mês de abril de 1957.

A despeito da RTJ do STF conter uma seleção de acórdãos e não a integralidade daqueles proferidos no período, é forçoso reconhecer que cada edição da revista selecionava uma gama relevante de decisões e foi, por muito tempo, uma das principais fontes de consulta da jurisprudência da corte. Todas as edições da RTJ foram digitalizadas pelo próprio STF e estão disponíveis no seguinte endereço eletrônico: http://www.stf.jus.br/portal/indiceRtj/pesquisarIndiceRtj.asp

As palavras-chave utilizadas como parâmetro na pesquisa aos bancos de dados do STF foram as seguintes: *redução, reduzida, multa, abusiva, desproporcional, confiscatória, proporcionalidade, razoabilidade, não-confisco, limites de multa, fraude e multa, dolo e multa, multa tributária, multa acessória, simulação e multa, confisco, redução de multa fiscal, descabimento multa fiscal, multa punitiva, multa moratória, 100% do valor do tributo, artigo 150, inciso IV, da CF, afronta aos princípios da razoabilidade e proporcionalidade, graduar multa.* Tais palavras-chave foram utilizadas tanto isoladamente como de forma concomitante durante a pesquisa.

Também fez parte da pesquisa a consulta e exame das decisões referidas nos próprios acórdãos encontrados na busca feita nos sites www.stf.jus.br e www.decisoes.com.br, já que muitos dos acórdão encontrados e que se enquadravam nas premissas adotadas faziam eles próprios referências a outras decisões do STF proferidas anteriormente.

Do ponto de vista temporal, a pesquisa abrangeu as decisões proferidas pelo STF antes e depois da promulgação da Constituição Federal de 1988, tendo sido adotada como data-limite para as decisões pesquisadas o dia 18 de dezembro de 2015, última dia de funcionamento do STF no ano de 2015. Portanto, houve uma esforço no sentido de mapear todas as decisões proferidas pelo STF sobre o tema limitação das multas tributárias a partir de abril de 1957 até o dia 18 de dezembro de 2015, excluindo-se, portanto, dessa obra eventuais decisões proferidas a partir de janeiro de 2016 ou antes de abril de 1957.

Após o trabalho de pesquisa foi examinada a íntegra das decisões proferidas pelo STF em cada processo encontrado, tendo sido feita a seleção daqueles que se enquadravam, cumulativamente, nas seguintes premissas: **(i)** houve o julgamento do mérito do recurso pelo STF (pelo pleno, turma ou monocraticamente) ou a aplicação da Súmula 279 do STF[29]; **(ii)** o recurso tratava, ainda que parcialmente, sobre a limitação do valor da multa cobrada pelas autoridades fiscais (federais, estaduais ou municipais) em razão da falta de recolhimento de tributo, recolhimento do tributo em atraso ou descumprimento de dever instrumental; e **(iii)** a decisão não mais estava sujeita a recurso ou revisão dentro do STF.

Ao final foram encontradas **noventa e quatro (94) decisões** proferidas pelo STF que se enquadravam nessas premissas, sendo a mais antiga datada de maio de 1965 do pleno da corte, e a mais recente de julho de 2015 (decisão monocrática). Portanto, o estudo abrangeu decisões proferidas ao longo de **cinquenta (50) anos** sobre a temática da limitação das multas tributárias.

---

[29] Súmula 279 do STF: "Para simples reexame de prova não cabe recurso extraordinário".

Nesse sentido, elaboramos a tabela transcrita no **ANEXO** desta obra listando todas as decisões examinadas e indicando os seguintes dados de cada uma delas: número do recurso, relator, data da decisão, tipo de decisão (pleno, turma ou monocrática).

Para a correta compreensão da posição adotada pelo STF nessas decisões e a extração tanto do entendimento preponderante da corte como das principais razões que fundamentaram esse entendimento, realizou-se a leitura na íntegra das decisões e a interpretação o mais objetiva possível do seu conteúdo à luz dos fatos que estavam em julgamento em cada caso.

Adicionalmente, elaborou-se uma lista de perguntas com o intuito de obter dados precisos e objetivos que permitissem avaliar de forma mais científica possível, inclusive numericamente, os detalhes de cada decisão e, a partir desses dados, extrair conclusões que auxiliassem na identificação da posição majoritária e dos fundamentos historicamente preponderantes do STF sobre o assunto limitação das multas tributárias.

Essas perguntas foram elaboradas com base num exame preliminar dos noventa e quatro acórdãos, que serviu para identificar questões relevantes tratadas de forma reiterada nessas decisões.

Para tornar mais objetiva a metodologia de análise e mais confiáveis os dados encontrados, para cada pergunta foi utilizada como resposta uma das seguintes opções: "sim", "não" ou "não aplicável". Essa última classificação (não aplicável) seria cabível sempre que a informação necessária para responder a pergunta não estivesse disponível na decisão ou o caso em análise não tratasse sobre o objeto da pergunta.

Assim, além do exame na íntegra de cada uma das noventa e quatro (94) decisões, elas também foram submetidas as seguintes perguntas[30]:

1. A decisão foi unânime ou, caso tenha sido monocrática, foi posteriormente confirmada pela turma?
2. A decisão tinha efeito erga omnes ou foi proferida dentro da sistemática da repercussão geral?
3. Houve falta de recolhimento de tributo?

---

[30] O autor elaborou uma planilha eletrônica para compilar todos os dados relevantes encontrados e permitir a sua análise objetiva, a qual é parte integrante desta obra e pode ser encontrada no Anexo 2 (vide pendrive).

4. Houve descumprimento de dever instrumental que fundamentou a cobrança da multa?
5. Qual o ente que aplicou a multa (União Federal, Estado ou Município)?
6. A multa foi cobrada sobre a base de cálculo do tributo ou valor da operação?
7. Houve a aplicação da Súmula 279 do STF
8. A decisão aplicou o entendimento preponderante do STF no sentido de que a multa tributária não deve ultrapassar o limite de 100% do tributo devido ou manteve a cobrança de multa que não ultrapassa esse limite?
9. A decisão admitiu, direta ou indiretamente, a aplicação do princípio do não confisco para a limitação da multa tributária (e não apenas para limitação do tributo)?
10. A decisão aplicou os princípios da proporcionalidade ou razoabilidade para limitar a multa tributária?
11. A decisão tratou expressamente de multa fiscal moratória?
12. Caso tenha tratado de multa fiscal moratória, foi admitida a cobrança de multa em patamar superior a 20% do tributo?
13. A decisão determinou o retorno do processo à segunda instância para definição do valor da multa, desde que respeitado o limite imposto pelo STF?
14. A decisão mencionou que está adotando o posicionamento preponderante da jurisprudência do STF ou faz referência a decisões proferidas pela Corte no mesmo sentido anteriormente (referente a limitação da multa tributária)?
15. A decisão tem uma fundamentação detalhada ou mais desenvolvida?
16. A decisão utilizou como fundamento algum outro argumento relevante além da aplicação dos princípios do não confisco proporcionalidade e razoabilidade?
17. A decisão menciona o critério objetivo (limite quantitativo) de 100% do valor do tributo como fundamento para a decisão?
18. Houve o cancelamento integral da multa aplicada em percentual superior a 100% do valor do tributo, sem determinação da sua redução ou retorno a segunda instância?
19. Houve a redução da multa pelo próprio STF para o patamar de 100% do valor do tributo, sem necessidade de retorno a segunda instância?

20. A decisão admitiu, direta ou indiretamente, a possibilidade do Poder Judiciário reduzir o valor da multa fiscal aplicada?
21. A decisão mencionou que o conceito de confisco é aberto, mas que é possível encontrar uma medida por meio da razoabilidade ou proporcionalidade?

Os resultados encontrados são bastante interessantes, haja vista o ineditismo desse tipo de estudo, e serão expostos no próximo subcapítulo, servindo para revelar que o STF já solucionou e tem uma posição clara o suficiente para muitas das indagações que devem ser respondidas para que se possa resolver satisfatoriamente a questão controversa objeto do tema 487 da lista de repercussões gerais.

A partir desses resultados foi possível apontar, também, as premissas já construídas e pacificadas que devem ser observadas pelo STF e as lacunas que precisam ser preenchidas, a partir do estudo da doutrina especializada, para se chegar numa decisão bem fundamentada e coerente com a jurisprudência da corte acerca dos limites aplicáveis às multas devidas pelo descumprimento de dever instrumental, inclusive nos casos em que não haja falta de recolhimento de tributo.

Desse modo, o STF não partirá do zero para solucionar o tema 487, mas sim preencherá as lacunas ainda existentes na sua posição histórica e realizará as adaptações necessárias para se chegar numa nova posição juridicamente válida.

No próximo subcapítulo descreveremos a evolução histórica da posição do STF sobre a limitação das multas tributárias até a atualidade e as principais posições jurídicas construídas e pacificadas pela corte ao longo desses cinquenta anos.

3.2. O panorama histórico das decisões da corte e as posições jurídicas construídas e pacificadas pelo STF ao longo de cinquenta anos

A primeira decisão proferida pelo STF tratando do limite das multas tributárias identificada ao longo do trabalho de pesquisa remonta à maio de 1965, o que significa que a corte tem se debruçado sobre o assunto há pelo menos cinquenta anos, existindo uma jurisprudência bastante robusta que foi construída ao longo desses anos e que vem sendo sistematicamente aplicada pelo próprio STF.

A decisão que inaugurou essa construção jurisprudencial foi aquela proferida, por unanimidade, pelo pleno do tribunal, em 27.5.1965, no Recurso Extraordinário 55.906/SP (RTJ 33/647-49), tendo como relator o ex-Ministro Luiz Gallotti, a qual resolveu um conflito que hoje parece ter menor importância, mas que fez toda a diferença para a construção dessa jurisprudência desde então, que é justamente a possibilidade do Poder Judiciário reduzir a multa imposta pelo Fisco com base numa lei em vigor.

O recurso foi interposto pela Fazenda do Estado de São Paulo no âmbito de uma execução fiscal em que se cobrava débitos do então existente imposto de vendas e consignações, acrescido de multa que tinha uma parte fixa e outra variável, mas que totalizava aproximadamente 50% do valor do principal. Por entender que a multa seria gravosa e exorbitante, o juiz de primeira instância a reduziu a um patamar substancialmente inferior (próximo a 1%, que era o mínimo permitido pela lei estadual na época), o que foi mantido em segunda instância, e contra o qual se insurgiu o Estado de São Paulo.

O Fisco alegava, em síntese, que o Poder Judiciário era incompetente para avaliar o rigorismo na aplicação da multa fiscal, cabendo-lhe apenas a contemplação objetiva da legalidade, sob pena de violação ao princípio da legalidade e à independência e harmonia dos Poderes da República, então previsto no artigo 36 da Constituição Federal de 1946.

De forma objetiva, mas consistente, o STF entendeu que a questão era relevante e que o juiz deu ao caso uma solução razoável ao reduzir a multa excessivamente gravosa e que esse ato não feria nem a lei (princípio da legalidade) e nem o poder a ele conferido de dar aos litígios a solução mais justa. Em essência, admitiu que o Poder Judiciário podia sim reduzir multa fiscal que fosse entendida pelo juiz como exorbitante.

É importante observar nesse julgamento como o STF fez uso da razoabilidade para justificar a possibilidade do Poder Judiciário reduzir a multa fiscal excessiva numa época em que a doutrina praticamente desconhecia a razoabilidade e a proporcionalidade como princípios jurídicos que hodiernamente são voltados ao controle dos atos da administração pública e, especialmente, num período em que existia uma cultura de forte apego à legalidade, tanto por parte das autoridades administrativas como do próprio Judiciário, em que se exigia dos agentes públicos uma observância fidedigna ao que estava expresso na lei *lato sensu*.

No julgamento seguinte relativo ao RE 57.904/SP (RTJ 37/296), de 25.4.1966, a primeira turma do STF reafirmou a posição que seu pleno havia definido anteriormente, deixando claro que o Poder Judiciário, atendendo às circunstâncias de fato e buscando uma orientação mais equitativa e razoável, poderia minorar o excessivo rigor do fisco, sendo possível a graduação da multa fiscal de acordo com a gravidade da infração e a importância desta para os interesses da arrecadação.

No julgamento do Agravo de Instrumento 40.319/SP, em 22.8.1967, tendo como relator o Ministro Evandro Lins e Silva, a segunda turma estendeu esse entendimento também à exclusão da multa fiscal, posicionando-se no sentido de que o Poder Judiciário poderia tanto reduzir como, se entendesse cabível pelos mesmos motivos expostos acima, poderia determinar a exclusão da multa fiscal excessiva.

Essa posição do STF foi seguida de forma reiterada por todas as decisões proferidas pela corte na época[31] e desde então passou a ser aceito, de forma pacífica, que ao Poder Judiciário cabe reduzir ou excluir multa fiscal que, apesar de estar prevista em lei, seja considerada demasiada pelo juiz em vista da gravidade da infração cometida, sem que isso implique em violação ao princípio da legalidade ou numa intervenção indevida do Judiciário nos demais Poderes, restando superadas as alegações das autoridades fiscais nesse sentido.

É interessante mencionar que no período de 1965 a 1973, o STF julgou dez casos envolvendo a redução ou exclusão de multa fiscal considerada excessiva. Todos os recursos tinham como origem o Estado de São Paulo e se referiam a recurso interposto pela Fazenda do Estado de São Paulo. A pertinência desses dados está no fato de que na época o Código Tributário do Estado de São Paulo previa no seu artigo 137 a possibilidade de redução ou relevação da pena nos casos em que não havia dolo ou má-fé.

Referido dispositivo em mais de um caso serviu como um dos fundamentos utilizados pelos juízes de primeira instância e pelo Tribunal de Justiça do Estado de São Paulo para justificar que não haveria violação à legalidade no fato do Poder Judiciário reduzir ou excluir multa fiscal, ao admitir-se que o Judiciário também poderia fazer uso dessa prerrogativa

---

[31] A título exemplificativo citamos as decisões proferidas pelo STF nos seguintes recursos: RE 60.964/SP, RE 60.972/SP, RE 60.413/SP, RE 60.476/SP, RMS 14.395/SP, RE 61.110/SP, RE 74.762/SP e RE 82.510/SP.

prevista no Código Tributário Estadual, tendo sido um dos responsáveis por fazer com que a matéria chegasse ao STF para julgamento em mais de uma oportunidade naquele período.

Cabe frisar, porém, que embora o STF tenha mencionado esse dispositivo em alguns dos seus julgamentos naqueles anos e ele tenha contribuído na formação do entendimento da corte de que não haveria violação ao princípio da legalidade na redução ou exclusão da multa fiscal pelos juízes, outros argumentos também fundamentaram o posicionamento da corte, notadamente aqueles expostos na decisão do RE 55.906/SP apontados anteriormente, como a razoabilidade.

Isso fica mais claro nas decisões proferidas no RE 74.882/RS (em 30.10.1973) e no RE 78.291/SP (em 1.6.1974) envolvendo o Estado do Rio Grande do Sul e o antigo Instituto Nacional de Previdência Social (INPS), respectivamente, nos quais não havia norma similar ao artigo 137 do Código Tributário de São Paulo.

A decisão proferida no RE 78.291/SP, cuja relatoria foi do Ministro Aliomar Baleeiro, inclusive, admitiu a redução da multa moratória fiscal de 50% para 20% que havia sido realizada nas instâncias inferiores, a despeito da lei federal aplicável expressamente prever a multa de 50% nos casos de atraso de mais de 240 dias. Ou seja, nessa hipótese a legislação não dava qualquer margem para a redução da multa como ocorria no Estado de São Paulo, ao contrário, determinava de forma objetiva o percentual a ser aplicado.

A despeito disso, o relator Ministro Aliomar Baleeiro, tendo sido acompanhado pelos demais ministros, consignou que àquela altura a jurisprudência do STF já era clara no sentido de permitir ao Judiciário a redução da multa iníqua à proporções razoáveis. Em seguida, explicou que os abusos na aplicação das multas fiscais, inclusive quando moratórias (como era o caso), devem ser combatidos, tendo feito uma comparação breve com os EUA para mostrar o absurdo das multas fiscais aplicadas no Brasil.

Mencionou que no caso, apesar de se tratar de multa de 50% do valor do tributo, se fossem considerados os demais acréscimos (juros, honorários de sucumbência e correção monetária), o valor cobrado do contribuinte seria de cerca de 400% do valor original da dívida, o que denotaria excesso.

Assim, por entender abusivo o valor total em cobrança e razoável a redução, manteve a decisão original que diminuiu a multa moratória para

20% do valor do tributo. Aqui, mais uma vez, o STF invocou a razoabilidade para justificar a redução da multa fiscal excessiva e deixou claro o intuito da corte em combater multas fiscais gravosas, independentemente do valor previsto em lei para a multa.

O Ministro Aliomar Baleeiro também contribuiu, ainda que de forma embrionária, para a construção da jurisprudência do STF ao mencionar na decisão do RE 74.762/SP, pela primeira vez, que a multa fiscal não poderia superar o valor do tributo. Até então (18.6.1973), o STF havia apenas analisado a possibilidade ou não dos juízes reduzirem para patamares mais razoáveis ou excluírem a multa fiscal excessiva, não tendo sido feita qualquer referência a um limite objetivo.

O contexto do caso analisado envolvia discussão acerca da preferência do fisco frente ao credor hipotecário de bens que estavam penhorados em executivo fiscal por conta de dívidas tributárias. O Banco do Brasil arrematou os bens hipotecados e penhorados, e o Fisco Estadual, a seu turno, exigia que o banco se responsabilizasse pelo pagamento da dívida tributária, que, por conta dos acréscimos legais (atualização monetária, multa fiscal, juros e honorários de sucumbência) superava o próprio valor do bem arrematado pelo banco.

Apesar da discussão principal do processo ser alheia ao tema objeto desta obra, no seu voto, seguido pelos demais ministros da primeira turma do STF, o Ministro Aliomar Baleeiro reconheceu que, embora o Fisco tivesse preferência, as consequências práticas da aplicação dessa regra poderiam ser catastróficas ao banco em razão do abuso da multa fiscal cobrada e dos demais acréscimos ao tributo, pois na hipótese dos autos o banco teria de entregar não apenas os bens que arrematou, mas também um valor adicional para cobrir a integralidade da dívida fiscal.

Observou o Ministro Aliomar que *o juiz não pode corrigir a iniquidade da lei fora dos casos de equidade ou interpretação razoável, mas que o Código Tributário Nacional admite expressamente a equidade (art. 108, IV) que, no caso, poderia ser a dispensa do acréscimo*. Continuou o ministro dizendo que, tendo por base o artigo 108, IV, do CTN e o artigo 114 do antigo Código de Processo Civil de 1939[32], daria provimento em parte ao recurso, por equidade, para cancelamento do acréscimo constante nas certidões de dívida ativa que superasse

---

[32] Art. 114. Quando autorizado a decidir por equidade, o juiz aplicará a norma que estabeleceria se fosse legislador.

o valor do próprio tributo, corrigindo assim a injustiça provocada pela preferência que o Fisco tinha frente ao credor hipotecário.

O Ministro ainda consignou que *os abusos na aplicação das multas, sobretudo quando moratórias, como a destes autos, têm sido clamorosos, especialmente se ponderar-se que o art. 920 do Código Civil limita as cláusulas penais ao valor da obrigação principal.*

É relevante mencionar que a norma constante do artigo 920 do Código Civil de 1916 (atualmente artigo 412 do Código Civil de 2002) determina que *o valor da cominação imposta na cláusula penal não pode exceder o da obrigação principal*. A escolha do valor do tributo como limite parece ter direta relação com essa regra do Código Civil.

Desse modo, nota-se na decisão que o ministro identificou um limite objetivo e fez uso tanto da equidade como da razoabilidade para adequar a norma que exigia a aplicação da multa fiscal e dos acréscimos legais a esse limite. Vale frisar, inclusive, que o Ministro Aliomar Baleeiro expressamente apontou que a norma somente poderia ser readequada quando a sua aplicação ao caso concreto implicasse em falta de razoabilidade.

Esse limite objetivo, porém, somente voltaria a ser mencionado pelo STF vinte e nove anos depois em outro julgamento importante, como veremos mais adiante. Nesse intervalo de tempo, o STF também passou a fazer uso de outros argumentos importantes.

No RE 81.550/MG (RTJ 74/319) de relatoria do Ministro Xavier de Albuquerque, em 20.5.1975, o tribunal julgou procedente o executivo fiscal proposto pela Fazenda de Minas Gerais, *salvo quanto à multa moratória que, fixada em nada menos de 100% do imposto devido, assume feição confiscatória, reduzindo-a para 30% (trinta por cento), base que reputou-se razoável para a reparação da impontualidade do contribuinte. A redução foi compatível com a utilização do instrumento da correção monetária."*

Cinco anos depois, em fevereiro de 1980, ao julgar o RE 91.707/MG (RTJ 96/1354), de relatoria do Ministro Moreira Alves, a corte manteve a decisão do Tribunal de Justiça de Minas Gerais que determinou a redução da multa fiscal moratória de 100% do valor do tributo (ICM) para 30% desse valor citando o precedente firmado no RE 81.550/MG e reiterando que a multa em questão teria feição confiscatória, devendo ser reduzida a nível compatível com a utilização do instrumento da correção monetária. De forma similar também julgou a segunda turma do STF, em 14.3.1980, no RE 92.165/MG de relatoria do Ministro Decio Miranda.

Nessas três decisões já se fala em confiscatoriedade da multa fiscal que ultrapasse patamares razoáveis e é possível perceber uma preocupação da corte em dar à multa fiscal moratória um percentual adequado a sua função de instrumento de correção monetária e penalização pela mora, já que as reduções de 100% para 30% do valor do tributo foram feitas justamente para compatibilizá-la com essa função.

Na primeira fase de construção da sua jurisprudência, que foi de 1965 a 1980, o STF proferiu 16 decisões, sendo duas delas pelo plenário da corte, consolidando o seu entendimento no sentido de que o Poder Judiciário pode sim reduzir ou excluir a multa fiscal considerada excessiva pelo juiz em vistas a buscar a razoabilidade na sua aplicação pelas autoridades fiscais.

É importante consignar que a totalidade (100%) das noventa e quatro (94) decisões proferidas pelo STF entre 1965 e 2015 admitiram, expressa ou implicitamente, a possibilidade do Poder Judiciário reduzir ou anular o valor da multa fiscal excessiva aplicada pelas autoridades fiscais, restando claro que esse ponto é pacífico na jurisprudência do STF.

Além disso, nessa primeira fase o STF deu início à utilização de institutos e argumentos jurídicos que pautariam as decisões da corte de forma reiterada no futuro, quais sejam: **(i)** violação ao princípio do não-confisco provocado pela cobrança de multa fiscal excessiva (a corte admitia já nessa época a aplicação desse princípio às multas fiscais e não apenas aos tributos); **(ii)** preocupação em compatibilizar o valor da multa fiscal com a razoabilidade, com a função da multa e com a gravidade da infração, **(iii)** além de julgar o percentual de 30% do valor do tributo como razoável para a cobrança da multa moratória devida pela impontualidade no pagamento do tributo e **(iv)** apontar o valor do tributo (principal) como limite para a multa fiscal.

Por um período de cerca de dezoito (18) anos, o STF deixou de julgar a matéria, retornando apenas em 1998 no julgamento da Ação Direta de Inconstitucionalidade 1.075-1-MC/DF, de relatoria do ainda Ministro Celso de Melo, já sob a égide da atual Constituição Federal.

Essa segunda fase de construção da jurisprudência do STF tem por base duas decisões proferidas pelo pleno da corte em 1998 e 2002, com efeito *erga omnes*, no julgamento da ADI 1.075-1-MC/DF mencionada acima e da ADI 551/RJ, as quais desenvolveram alguns dos conceitos que haviam sido utilizados na primeira fase anteriormente, além de adicionar outros argumentos que servem de referência até hoje para as decisões proferidas pela corte sobre a matéria.

No primeiro caso, o STF analisou a constitucionalidade do artigo 3, parágrafo único, da Lei 8.846/94, o qual determinava a aplicação de multa de 300% sobre o valor da operação no caso de não emissão de nota fiscal, recibo ou documento equivalente. Trata-se, portanto, de hipótese de descumprimento de dever instrumental, com a diferença que nesse caso o descumprimento poderia gerar, também, o não recolhimento do tributo.

Já na ADI 551/RJ, cuja relatoria era do Ministro Ilmar Galvão (julgado em 24.10.2002), o tribunal analisou a constitucionalidade do artigo 57, parágrafos 2 e 3, do Ato das disposições constitucionais transitórias da Constituição do Estado do Rio de Janeiro, segundo o qual as multas decorrentes do não recolhimento de impostos e taxas não poderiam ser inferiores à duas vezes o seu valor (200%) e as multas aplicadas nos casos de sonegação fiscal não poderiam ser inferiores à cinco vezes o seu valor (500%).

Em ambos os recursos, o STF reconheceu, por unanimidade, a inconstitucionalidade dos dispositivos questionados, tendo afastado a sua aplicação, por entender que estaria ocorrendo uma violação ao artigo 150, inciso IV, da Constituição Federal (princípio do não confisco), assim como aos princípios da razoabilidade e da proporcionalidade que regem a atividade tributária estatal.

A primeira conclusão de relevo que se extrai dessas duas decisões é que elas fixaram a posição hoje pacífica do STF no sentido de que as penalidades pecuniárias oriundas do descumprimento de obrigações tributárias principais ou acessórias (deveres instrumentais) não podem se revestir de efeito confiscatório, sob pena de violação ao artigo 150, inciso IV, da Constituição Federal de 1988.

Apesar dessa ideia de afastar ou reduzir as multas tributárias por considerá-las confiscatórias já ter surgido em julgamentos anteriores (a exemplo dos REs 81.550/MG e 91.707/MG), o argumento somente tomou corpo na jurisprudência do STF após a promulgação da Constituição Federal de 1988, quando o princípio passou a constar expressamente na carta magna, o que não ocorria antes[33].

---

[33] Não é difícil encontrar na doutrina afirmações de que, mesmo quando não havia a proibição de tributo confiscatório na Constituição Federal, a atividade tributária encontraria limites no direito de propriedade. É o que afirma, por exemplo, Estevão Horvath. Em suas palavras:

A esse respeito, cabe esclarecer que, visando proteger a propriedade privada, que é um dos pilares do Estado Democrático de Direito que vivenciamos no Brasil de forma juridicamente plena desde 1988, a CF/88 trouxe no seu artigo 150, inciso IV, o princípio do não confisco, o qual, em linhas gerais, *tem a precípua função de estabelecer um marco às limitações ao direito de propriedade através da tributação, para indicar (e barrar) o momento em que a tributação deixar de lubrificar e construir o direito de propriedade (viabilizando a sua manutenção), para inviabilizá-lo. Graficamente, poderíamos dizer a limitação via tributação termina onde começa a privação, o efeito de confisco.*[34]

Nota-se, portanto, que na forma como está redigida na Constituição Federal, o não-confisco seria originalmente voltado apenas aos tributos, de tal sorte que a sua aplicação como justificativa para limitar as multas fiscais constitui uma evolução do instituto promovida pelo STF no decorrer dos anos.

Nesse sentido, no julgamento da ADI 551/RJ, o Ministro Ilmar Galvão registrou no seu voto que o artigo 150, inciso IV, da CF/88 veda a utilização de tributo com efeito confiscatório e que tal limitação ao poder de tributar estende-se, também, às multas decorrentes de obrigações tributárias, ainda que não tenham elas natureza de tributo, tendo citado o precedente firmado no RE 91.707/MG para corroborar a posição adotado pelo STF.

No voto do relator que embasou o Acórdão proferido na ADI 1.075-1-MC/DF, o Ministro Celso de Mello deixou claro que *mais do que simples proposição doutrinária, essa asserção encontra fundamento em nosso sistema de direito constitucional positivo, que consagra, de modo explícito, a absoluta interdição de quaisquer práticas estatais de caráter confiscatório, com ressalva de situações especiais taxativamente definidas no próprio texto da carta política (artigo 243 e seu parágrafo único).*

Essa vedação – que traduz consequência necessária da tutela jurídico-constitucional que ampara o direito de propriedade (CF, art. 5, incisos XXII, XXIV e XXV; art. 182, parágrafo 2, e art. 184, caput) – estende-se, de maneira bastante significativa, ao domínio da atividade tributária do Estado.

---

a proibição de tributo confiscatório, caso não disposta expressamente no corpo da Constituição, decorreria implicitamente da proteção que esta atribui ao direito de propriedade.", conforme HORVATH, Estevão, O princípio do não-confisco no direito tributário. São Paulo, Dialética, 2002, p. 32.

[34] GOLDSCHMIDT, Fabio Brun. *O princípio do não-confisco no direito tributário*. São Paulo: RT, 2003, p.39.

O ministro observou, ainda, que o Brasil chegou a ter uma Constituição Federal (a de 1934) que prescrevia no seu artigo 184, parágrafo único, que as multas de mora devidas pelo pagamento em atraso de impostos ou taxas não poderiam exceder 10% do valor do débito.

Apesar do texto constitucional de 1988 não reeditar norma semelhante, isso não significaria que a Constituição Federal em vigor teria permitido a utilização abusiva das multas fiscais, pois em tal situação deve incidir sempre a cláusula proibitiva ao confisco (artigo 150, inciso IV). Desse modo, conclui o voto condutor que foi aceito pelos demais ministros o seguinte:

> (...) Revela-se inquestionável, dessa maneira, que o "quantum" excessivo dos tributos ou das multas tributárias, desde que irrazoavelmente fixado em valor que comprometa o patrimônio ou ultrapasse o limite da capacidade contributiva da pessoa, incide na limitação constitucional, hoje expressamente inscrita no art. 150, IV, da Carta Política, que veda a utilização de prestações tributárias com efeito confiscatório, consoante enfatizado pela doutrina (IVES GANDRA MARTINS, "Comentários à Constituição do Brasil, vol. VI, tomo I, p. 161/165, 1990, Saraiva; MANOEL GONÇALVES FERREIRA FILHO, "Comentários à Constituição Brasileira de 1988, vol. 3/101-102, 1994, Saraiva; ROQUE ANTÔNIO CARRAZZA, "Curso de Direito Constitucional Tributário", p. 210, 5 ed., 1993, Malheiros, v.g) e acentuado pela própria jurisprudência deste Supremo Tribunal Federal (RTJ 33/647, Rel. Ministro ALIOMAR BALEEIRO; RTJ 74/319, Rel. Ministro XAVIER DE ALBUQUERQUE; RTJ 78/610, Rel. Ministro LEITÃO DE ABREU; RTJ 96/1354, Rel. MOREIRA ALVES, v.g).

Especialmente considerando que o objeto de estudo é pertinente observar que o entendimento de que o princípio do não confisco se estende às multas tributárias, também abrange aquelas decorrente do descumprimento de dever instrumental, conforme expressamente registrado, inclusive, em decisões recentes do STF proferidas no ano de 2014 no RE 771.660/RS e no ARE 844.527/BA.

Outro dado relevante para demonstrar que se trata de uma posição reiterada da corte é o fato que depois do julgamento da ADI 1.075-1-MC/DF e da ADI 551/RJ foram proferidas setenta e cinco (75) decisões pelo STF envolvendo limitação de multa tributária, sendo que a totalidade (100%) dessas decisões admitiram, direta ou indiretamente, a utilização do princípio do não confisco previsto no artigo 150, inciso IV, da CF/88 para limitar ou cancelar a multa cobrada pelo descumprimento de obrigação tributária principal ou acessória (e não apenas para limitar a tributação em si).

A segunda conclusão relevante obtida a partir da análise dos acórdãos proferidos na ADI 1.075-1-MC/DF e na ADI 551/RJ, complementada pelo julgamento do RE 582.461/SP, e talvez a mais importante para esta obra, é que, apesar do artigo 150, inciso IV, da Constituição Federal configurar uma cláusula aberta e de conceito jurídico indeterminado, o que por vezes dificulta a identificação do ponto a partir do qual a multa passa a ser confiscatória, **a avaliação dos excessos eventualmente praticados pelo Estado pode ser feita a partir do exame da proporcionalidade e razoabilidade que deve existir entre a gravidade da violação da norma jurídica tributária (i.e. ato ilícito praticado pelo contribuinte) e sua consequência jurídica (a multa). Em suma, a dosimetria do confisco é feita por meio dos princípios da proporcionalidade e da razoabilidade.**

Embora também esteja presente no Acórdão da ADI 551/RJ, esse ponto foi mais bem aprofundado naquele momento pela ADI 1.075-1-MC/DF, e voltou a ser analisado pelo plenário do STF no julgamento do RE 582.461/SP.

No Acórdão que registrou o julgamento da ADI 1.075-1-MC/DF, as palavras do Ministro Celso de Mello deixam claro que, na visão da corte, *não há uma definição constitucional de confisco em matéria tributária. Trata-se, na realidade, de um conceito aberto, a ser formulado pelo juiz, com apoio em seu prudente critério, quando chamado a resolver os conflitos entre o Poder Público e os contribuintes.*

Não obstante, segundo o STF naquele julgamento, *na ausência de uma diretriz objetiva e genérica, aplicável a todas as circunstâncias, os tribunais devem proceder à avaliação dos excessos eventualmente praticados pelo Estado, tendo em consideração as limitações que derivam do princípio da proporcionalidade.*

Em seguida o relator fala, também, do uso da razoabilidade como critério de medição do confisco, quando diz que *o Poder Público, especialmente em sede tributação, não pode agir imoderadamente, pois a atividade estatal acha-se essencialmente condicionada pelo princípio da razoabilidade.*

Nota-se, assim, que para o STF o princípio do não confisco corresponderia, a bem da verdade, na observação da razoabilidade e da proporcionalidade no ato de graduar e cobrar a multa devida por descumprimento da obrigação tributária (seja ela principal ou acessória – dever instrumental), conclusão essa respaldada por Sacha Calmon Navarro Coêlho, cujo magistério foi citado na ocasião, juntamente com menções ao ex-ministro do STF Orosimbo Nonato e o Chief Justice da Suprema Corte norte-americana JOHN MARSHALL. Confira-se abaixo trecho do Acórdão da ADI 1.075-1-MC/DF nesse sentido:

> (...) Daí a advertência de SACHA CALMON NAVARRO COÊLHO ("Curso de Direito Tributário Brasileiro, p. 253, item n. 6.28, 1990, Forense), cujo magistério – ao ressaltar que a vedação do confisco atua como limitação constitucional ao poder de graduar a tributação – enfatiza, com razão, que, em sede de estrita fiscalidade, *"o princípio do não-confisco tem sido utilizado também para fixar padrões ou patamares de tributação tidos por suportáveis (...) ao sabor das conjunturas mais ou menos adversas que estejam se passando. Neste sentido, o princípio do não-confisco se nos parece mais com um princípio da razoabilidade da tributação (...)".*
>
> Cabe relembrar, neste ponto, consideradas as referências doutrinarias que venho de expor, a clássica advertência de OROSIMBO NONATO, consubstanciada em decisão proferida pelo Supremo Tribunal Federal (RE 18.331/SP), em acórdão no qual aquele eminente e saudoso Magistrado acentuou, de forma particularmente expressiva, à maneira do que já o fizera o Chief Justice JOHN MARSHALL, quando do julgamento, em 1819, do célebre caso "McCulloch v. Maryland", que *"o poder de tributar não pode chegar à desmedida do poder de destruir"* (RF 145/164 – RDA 34/132), eis que – como relembra BILAC PINTO, em conhecida conferência sobre "Os limites do Poder Fiscal do Estado" (RF 82/547-562, 552) – essa extraordinária prerrogativa estatal traduz, em essência, *"um poder que somente pode ser exercido dentro dos limites que o tornem compatível com a liberdade de trabalho, de comércio e de indústria e com o direito de propriedade".*

A partir da leitura do trecho acima, percebe-se, inclusive, que outros fundamentos estão incorporados, de modo implícito, à posição reiterada do STF, notadamente a proteção ao direito de propriedade, ao livre exercício da profissão e à continuidade da unidade econômica, todos direitos que se busca proteger por meio da proibição de cobrança de multa fiscal confiscatória.

Os fundamentos desenvolvidos pela corte no julgamento da ADI 1.075-1-MC/DF no que se refere à dosimetria da não confiscatoriedade foram revisitados e confirmados pelo plenário do STF alguns anos mais tarde, em 18.5.2011, quando o tribunal analisou, sob a égide da repercussão geral, a confiscatoriedade da multa moratória de 20% devida pelo pagamento do tributo em atraso, tendo entendido que tal multa seria válida e estaria dentro de um patamar razoável que não ofende a vedação ao confisco.

O voto da Ministra Ellen Gracie, que tratou com mais detalhes sobre a multa moratória e foi acompanhado pelos demais ministros, resume bem a posição adotada pelo STF, segundo a qual *as multas, como qualquer punição, devem guardar certa proporcionalidade com a gravidade da infração cometida. Deve haver adequação entre o grau da infração e o percentual da multa cominada, de modo que se evidencie ser esta necessária e suficiente às finalidades de prevenção e de repressão, sem implicar ofensa desarrazoada e excessiva contra o patrimônio do infrator.*

Percebe-se aí que o STF reafirmou a sua posição já construída anteriormente no sentido de que a confiscatoriedade se revela na falta de razoabilidade e desproporção entre a gravidade da infração cometida e o percentual da multa cominada como consequência do ato ilícito praticado pelo contribuinte.

A leitura dos votos de forma geral, especialmente da Ministra Ellen Gracie e do Ministro Gilmar Mendes, apontam para uma preocupação adicional da corte que é compatibilizar a multa cobrada com a finalidade por ela pretendida, de modo que se cobre uma multa que seja suficiente para atender essa finalidade e, ao mesmo tempo, atender o princípio da razoabilidade e proporcionalidade, sob pena de se tornar confiscatória.

No caso concreto, os ministros discorreram que a multa moratória tem o objetivo de sancionar o contribuinte que não cumpre suas obrigações tributárias pontualmente, prestigiando a conduta daqueles que pagam em dia seus tributos e desencorajando o atraso, mas ela não poderia se prestar à abusos em razão da sua excessiva carga.

Fazendo referência a outros julgamentos da corte envolvendo multa moratória (RE 81.550/MG, RE 220.284-6/SC e RE 239.964), o plenário considerou que o percentual de 20% sobre o valor do tributo pago em atraso seria suficiente para cumprir a finalidade de punir o contribuinte atrasado e desencorajá-lo de novo atraso, e, simultaneamente, seria um patamar razoável e proporcional à gravidade da infração cometida.

A posição do plenário do STF expressada nos julgamentos explicados nos parágrafos anteriores se refletiu, ao longo dos anos, em diversos outros julgamentos feitos pelas turmas do tribunal ou em decisões monocráticas dos ministros.

A esse respeito, cabe citar trecho do voto do Ministro Joaquim Barbosa no RE 523.471/MG, acompanhado pelos demais ministros da segunda turma, que ilustra bem como essa posição tem sido reiteradamente observada pela corte[35]. Na oportunidade, o STF julgou a validade de multa moratória de 60% do valor do tributo cobrada pelo INSS e que havia sido reduzida para 30% pelo tribunal de segunda instância:

> (...) é antiga a orientação da segunda turma no sentido de que a multa moratória, quando estabelecida em montante desproporcional, tem feição confiscatória e deve ser reduzida (cf. RE 91.707, rel. Ministro Moreira Alves, DJ 29.02.1980, e RE 81.550, rel. Ministro Xavier de Albuquerque, DJ de 13.06.1975).
>
> Esse entendimento foi confirmado pelo Pleno por ocasião do julgamento da ADI 551 (rel. Ministro Ilmar Galvão, DJ de 14.02.2003). Na oportunidade, a corte concluiu que a multa tem caráter confiscatório quando revela desproporção entre o desrespeito à norma tributária e a sua consequência jurídica. (...)

O fato é que colocando as decisões do STF em perspectiva e organizando-as por ordem cronológica é possível constatar que os principais argumentos desenvolvidos pela corte e as conclusões obtidas nos julgamentos da ADI 1.075-1-MC/DF e da ADI 551/RJ passaram a ser observados reiteradamente e mudaram significativamente a própria forma do tribunal julgar o tema dali em diante.

Além disso, o número de casos que chegaram ao STF questionando o valor das multas aplicadas pelas autoridades fiscais por descumprimento das obrigações tributárias (principal ou acessória) aumentou significativamente a partir daquele momento.

Isso fica claro quando vemos que até o julgamento desses dois recursos haviam sido analisados pelo Supremo apenas 16 processos sobre a matéria num espaço de tempo de trinta e dois (32) anos.

Após o plenário deixar claro que o princípio do não confisco é aplicável às multas tributárias e que a dosimetria do confisco deveria ser feita tendo

---

[35] Nesse mesmo sentido citamos, a título exemplificativo, os julgamentos dos seguintes recursos: RE 754.554/GO, ARE 771.921/GO, RE 771.660/RS, RE 704.202/SC, ARE 787.564/SC, ARE 844.527/BA, RE 836.828/RS, ARE 895.997/PR. Note-se que esses recursos tiveram como relatores diversos ministros da composição atual do STF, o que contribui para demonstrar que não se trata de um entendimento isolado.

por base os princípios da proporcionalidade e razoabilidade, tendo cancelado as multas de 200%, 300% e 500% sobre o valor do tributo analisadas, foram julgados pela corte setenta e cinco (75) recursos sobre o assunto num período de treze (13) anos. Portanto houve um aumento de 468% nos processos levados ao Supremo sobre o assunto num espaço de tempo substancialmente menor.

A informação mais impactante obtida ao longo do trabalho de análise das decisões, talvez, seja o fato de que 67 desses 75 recursos (i.e. 89% do total) que chegaram ao STF no período posterior a 24.10.2002 (quando foi finalizado o exame da ADI 551/RJ) tenham sido julgados por meio de decisão monocrática, tendo por base o artigo 557 do antigo Código de Processo Civil/1973 e a alegação de que a jurisprudência do STF àquela altura já estava pacificada em torno das ideias expostas nos parágrafos precedentes. A primeira decisão monocrática foi proferida no AI 904.915/SP pelo Ministro Celso de Mello em 18.12.2002, logo após o julgamento da ADI 551/RJ.

Destaque-se que a aplicação do artigo 557 do CPC para fundamentar o uso das decisões monocráticas somente foi possível porque os próprios ministros reconheceram que passou a existir jurisprudência dominante do STF sobre o assunto.

Ademais, 53 das 67 decisões monocráticas (i.e. 79% do total) foram proferidas pelos ministros que fazem parte da composição atual (2016) da corte, excetuando-se dessa lista apenas o Ministro Edson Fachin que ingressou em junho/2015 e até 18.12.2015 não havia participado como relator de recurso sobre o tema em comento.

Outro dado que reforça a constatação da influência das posições firmadas nos julgamentos da ADI 1.075-1-MC/DF e da ADI 551/RJ para a formação da jurisprudência dominante do STF é que 91% da decisões proferidas pelo STF (86 das 94 decisões encontradas na pesquisa) utilizaram como fundamento para manter, cancelar ou reduzir a multa fiscal levada à análise da corte, direta ou indiretamente, os princípios do não-confisco, proporcionalidade e razoabilidade, sendo que os 9% restantes se referem na quase totalidade à decisões proferidas entre 1965 e 1980, época em que a jurisprudência do STF ainda estava em formação.

Uma terceira conclusão que se extrai, mas dessa vez da análise conjunta das noventa e quatro (94) decisões proferidas pelo STF nesses cinquenta anos, é que o tribunal acabou criando uma medida objetiva para identificar a partir de quando a multa fiscal se tornaria excessiva e, por consequência, confiscatória.

Como já mencionado anteriormente, a primeira vez em que o STF fez qualquer referência a um limite a partir do qual a multa tributária passaria a ser confiscatória foi no RE 74.762/SP de relatoria do Ministro Aliomar Baleeiro em 1973.

Uma nova menção ao limite objetivo foi feita, agora em 2002, no voto do Ministro Marco Aurélio na ADI 551/RJ. O ministro reconheceu que *embora haja dificuldade para se fixar o que se entende como multa abusiva*, **constatamos que as multas são acessórias e não podem, como tal, ultrapassar o valor do principal.** Segundo o ministro quando se verifica o abandono dessa premissa (multa superior a 100% do valor da obrigação tributária principal) e dos princípios da razoabilidade e da proporcionalidade tem-se claramente uma multa confiscatória.

Embora não tenha feito referência de qualquer tipo ao julgamento do próprio STF ocorrido em 1973 sob a relatoria do Ministro Aliomar Baleeiro, é possível perceber no voto do ministro Marco Aurélio, que foi acompanhado pelos demais ministros na ocasião, alguma similaridade com o raciocínio desenvolvido pelo Ministro Aliomar no RE 74.762/SP, quando esse fez expressa menção ao artigo 920 do Código Civil de 1916 para justificar, em conjunto com a equidade prevista no Código Tributário Nacional, a exclusão dos acréscimos que ultrapassavam o valor do principal do tributo.

Lembrando que o artigo 920 do Código Civil em vigor na época (que foi reproduzido no Código Civil atual) limitava o valor da multa prevista nos contratos ao da obrigação principal. Ainda que fosse uma regra eminentemente de Direito Civil, sem aplicabilidade automática para o Direito Tributário, a escolha do valor do tributo como limite parece ter alguma relação com essa regra do Código Civil, cuja aplicação extensiva seria autorizada pelo instituto da equidade (artigo 108, IV, do CTN) na visão do Ministro Aliomar Baleeiro, a qual serviria para suprimir a lacuna identificada no caso concreto.

Esse artigo do Código Civil chegou, inclusive, a ser mencionado na decisão monocrática do Ministro Gilmar Mendes proferida em 7.10.2005 no AI 464.863/MG, segundo a qual *não é considerada desproporcional e nem desarrazoada a aplicação de multa nos limites do art. 920 do Código Civil.*

Para respaldar essa conclusão, o ministro fez expressa menção a ADI 551/RJ e de que nesse julgamento o STF teria firmado o entendimento que a multa deve ser proporcional à violação da norma tributária, sob pena de ofender o artigo 150, inciso IV, da CF/88.

O limite de 100% do valor do principal do tributo voltou a ser mencionado no voto do Ministro Gilmar Mendes no RE 582.461/SP, julgado sob a sistemática da repercussão geral, quando ele registrou que *"(...) o Tribunal Pleno desta Suprema Corte, por ocasião do julgamento da ADI-MC 1075, Rel. Ministro Celso de Mello, DJ 24.11.2006 e da ADI 551, Rel. Ministro Ilmar Galvão, DJ 14.10.2002, entendeu abusivas multas moratórias que superam o percentual de 100% (cem por cento)".*

Curiosamente, porém, a utilização do percentual de 100% do valor da obrigação tributária principal como limite objetivo a partir do qual a confiscatoriedade passaria a existir somente passou a ser visto como fundamento das decisões do STF, de forma explícita, a partir da decisão proferida no RE 657.372/RS em 14.9.2012.

Naquele caso, o Estado do Rio Grande do Sul estava cobrando multa punitiva de 120% do valor do principal (ICMS). Em decisão monocrática do Ministro Ricardo Lewandowski, confirmada pela segunda turma, o STF reconheceu a inconstitucionalidade da multa utilizando como um dos fundamentos o seguinte: *"(...) é antiga a jurisprudência desta corte que, com base na vedação ao confisco, reconhece como inconstitucionais multas fixadas em índices de 100% ou mais. Nesse sentido, anoto os seguintes precedentes: ADI 551/RJ, Rel. Ministro Ilmar Galvão; ADI 1075-MC/DF, Rel. Ministro Celso de Mello; RE 91.707/MG, Rel. Ministro Moreira Alves; RE 81.550/MG, Rel. Ministro Xavier de Albuquerque."*

A partir daquele momento, outras decisões proferidas pelo STF passaram a mencionar expressamente como fundamento o limite objetivo de 100% do valor da obrigação tributária principal para identificar a existência da confiscatoriedade ou não na multa tributária[36]. Em todas elas fala-se desse limite objetivo como algo construído pela jurisprudência do STF ao longo dos anos e que passou a ser aceito pacificamente pelo tribunal, sem maiores aprofundamentos acerca da sua origem, a qual explicamos anteriormente.

---

[36] Confira-se a esse respeito os precedents relativos aos seguintes recursos julgados pelo STF: RE 440.927/MS, RE 754.554/GO, ARE 771.921/GO, AI 838.302/MG, ARE 797.943/PE, ARE 805.431/MG, ARE 803.975/PR, ARE 642.881/PE, ARE 802.564/SC, RE 771.660/RS, RE 704.202/SC, RE 837.423/RS, ARE 787.564/SC, RE 833.106/GO, RE 602.686/PE, ARE 783.599/RS, ARE 844.527/BA, RE 851.071/PR, RE 836.828/RS, RE 472.012/MG, RE 863.049/SC, ARE 845.454/PR, ARE 895.997/PR.

Um dado bastante pertinente que reforça a ideia de que o STF estabeleceu o limite de 100% do valor da obrigação tributária principal como patamar mínimo e objetivo para identificar o confisco das multas tributárias é que das noventa e quatro (94) decisões proferidas pelo STF setenta e sete (77) delas, ou cerca de 82% do total de decisões, aplicaram esse entendimento, tendo sido canceladas ou reduzidas as multas que ultrapassassem esse limite ou mantidas as multas que estivessem dentro desse patamar. Essas decisões, inclusive, traduzem o entendimento das duas turmas do STF sobre o assunto.

Mais uma vez, os 18% restantes se referem à decisões proferidas na primeira fase de construção da jurisprudência (1965 a 1980) ou nas quais não havia informação disponível suficiente para identificar se o STF teria respeitado essa premissa ou não.

Frise-se, ainda, que o limite em questão tem sido respeitado pelo STF de forma reiterada mesmo nos casos em que a multa tributária é aplicada num percentual menor que 100%, mas é calculada sobre o valor da operação ou base de cálculo do tributo. Nesses casos, na prática, o valor absoluto da multa supera o valor do principal do tributo. O STF tem se atentado a isso e, via de regra, cancela a multa cobrada (maioria dos casos) ou a reduz para níveis compatíveis com esse limite objetivo (minoria dos casos).

Das noventa e quatro (94) decisões analisadas, oito (8) delas[37] envolviam discussão acerca da confiscatoriedade de multa calculada sobre o valor da operação ou base de cálculo do tributo (a maioria julgada nos anos de 2013, 2014 e 2015). Em todos os casos, o STF aplicou o limite objetivo de 100% do valor do principal, tendo deixado claro nessas decisões que o custo da multa não deve superar o valor absoluto do principal do tributo ao qual ela se refira, sendo irrelevante para esse fim o fato da multa ser aplicada em percentual inferior a 100%. Confira-se a esse respeito a ementa de uma dessas decisões:

RECURSO EXTRAORDINÁRIO – ALEGADA VIOLAÇÃO AO PRECEITO INSCRITO NO ART. 150, INCISO IV, DA CONSTITUIÇÃO FEDERAL – CARÁTER SUPOSTAMENTE CONFISCATÓRIO DA MULTA TRIBUTÁRIA COMINADA EM LEI – CONSIDERAÇÕES EM TORNO

---

[37] Foram os seguintes casos: ADI 1.075-1-MC/DF, RE 346.223/MG, RE 754.554/GO, ARE 771.921/GO, ARE 803.975/PR, RE 863.049/SC, ARE 845.454/PR e ARE 895.997/PR.

DA PROIBIÇÃO CONSTITUCIONAL DE CONFISCATORIEDADE DO TRIBUTO – CLÁUSULA VEDATÓRIA QUE TRADUZ LIMITAÇÃO MATERIAL AO EXERCÍCIO DA COMPETÊNCIA TRIBUTÁRIA E QUE TAMBÉM SE ESTENDE ÀS MULTAS DE NATUREZA FISCAL – PRECEDENTES – INDETERMINAÇÃO CONCEITUAL DA NOÇÃO DE EFEITO CONFISCATÓRIO – DOUTRINA – **PERCENTUAL DE 25% SOBRE O VALOR DA OPERAÇÃO – 'QUANTUM' DA MULTA TRIBUTÁRIA QUE ULTRAPASSA, NO CASO, O VALOR DO DÉBITO PRINCIPAL – EFEITO CONFISCATÓRIO CONFIGURADO** – OFENSA ÀS CLÁUSULAS CONSTITUCIONAIS QUE IMPÕEM AO PODER PÚBLICO O DEVER DE PROTEÇÃO À PROPRIEDADE PRIVADA, DE RESPEITO À LIBERDADE ECONÔMICA E PROFISSIONAL E DE OBSERVÂNCIA DO CRITÉRIO DA RAZOABILIDADE – AGRAVO IMPROVIDO (RE n. 754.554-AgR, Relator o Ministro Celso de Mello, Segunda Turma, DJe 28.11.2013).

No entanto, é necessário mencionar que esse limite é normalmente utilizado pelo STF nas decisões envolvendo multa punitiva, existindo discussão ainda pendente de solução se para as multas moratórias, que seriam devidas pelo mero pagamento em atraso do tributo, o limite para configurar a confiscatoriedade seria **menor**, uma vez que o ato ilícito praticado pelo contribuinte nessa hipótese seria menos gravoso.

O Ministro Roberto Barroso nas suas decisões sobre o tema[38], respaldado pelos demais ministros da primeira turma, tem distinguido as multas tributárias em três tipos para fins da análise da sua confiscatoriedade: moratória, punitiva acompanhada do lançamento de ofício e punitiva isolada. A multa moratória seria aquela devida em decorrência da impontualidade injustificada no adimplemento da obrigação tributária principal. As multas punitivas, por sua vez, visam coibir o descumprimento às previsões da legislação tributária. Se o ilícito não gera tributo a pagar, diz-se que a multa é punitiva isolada, já quando existe a supressão de tributo (total ou parcialmente), a multa é punitiva seguida do lançamento do tributo faltante.

Refletindo o restante dos precedentes da corte, o ministro deixou claro nos seus votos que o STF tem entendido que são confiscatórias as multas punitivas que ultrapassam o percentual de 100% do valor do tributo devido.

---

[38] Os casos de relatoria do Ministro Roberto Barroso sobre o tema da limitação das multas tributaries já julgados foram os seguintes: AI 838.302/MG, RE 704.202/SC, ARE 787.564/SC, RE 602.686/PE, RE 851.071/PR e ARE 836.828/RS.

Por outro lado, considerando que o princípio do não confisco tem conteúdo aberto, segundo reconhecido pela jurisprudência do STF, seria possível que a dosimetria do princípio mostrasse uma faceta mais ou menos gravosa conforme o caráter pedagógico da sanção e o prejuízo por ela causado.

Assim, uma vez que as multas moratórias possuem como aspecto pedagógico o desestímulo ao atraso, ao passo que as multas punitivas revelam um caráter mais gravoso, pois pretendem servir de reprimenda, não seria razoável adotar o mesmo parâmetro para as duas, motivo pelo qual seria cabível admitir um percentual menor que 100% do valor do tributo (obrigação principal) para a multa moratória.

Até o momento, porém, os precedentes do STF apenas indicaram os patamares de multa moratória que entendem razoáveis e, por corolário, não confiscatórios. No RE 582.461/SP, com repercussão geral, a Corte entendeu admissível o percentual de 20% do valor do tributo para esse tipo de multa. Anteriormente, o STF também admitiu multas moratórias de até 30% do valor do tributos (conforme o RE 91.707/MG, RE 81.550/MG, o RE 220.284/SP e RE 523.471/MG).

No entanto, decisões mais recentes da corte e proferidas após a repercussão geral do RE 582.461/SP têm admitido multas moratórias de 40% ou 50% do valor do tributo (principal), a exemplo das decisões monocráticas proferidas no RE 400.927/MS e RE 472.012/MG de relatoria do Ministro Teori Zavascki.

É por esse motivo que o próprio STF declarou a repercussão geral do RE 882.461/MG, de relatoria do Ministro Luiz Fux, e que tem por objetivo justamente definir um limite para a multa fiscal moratória, a qual, evidentemente, não poderá ser superior a 100% do valor do tributo (já definido para as multas punitivas).

Da mesma forma, seguindo a lógica de que quanto maior a gravidade do ato ilícito praticado e mais forte o caráter pedagógico, maior pode ser a multa fiscal, o STF também declarou a repercussão geral do RE 736.090/SC, no qual se pretende discutir se é válida a multa fiscal qualificada de 150% do valor do tributo, que é exigida pela União Federal nos casos em que fica constatada a existência de fraude.

Diante desse cenário, a conclusão que se alcança é que a jurisprudência do STF definiu para as multas punitivas o limite objetivo de 100% do valor da obrigação tributária principal ao qual o ilícito se refira, acima do qual fica configurado o confisco e a multa deve ser cancelada ou reduzida. Esse limite também se aplica às multas moratórias, mas ainda existe discussão se ele poderia ser menor na hipótese de mero pagamento extemporâneo do tributo.

Finalmente, quando se trata de casos envolvendo fraude e aplicação da multa qualificada, situação naturalmente mais gravosa e cuja reprimenda ao contribuinte deve ser mais forte, o STF ainda irá avaliar se esse tipo de multa tributária poderia chegar no limite de 150% do valor do principal ou se também deve obedecer ao limite objetivo de 100% do tributo.

Para finalizar, cabe resumir a partir do exame cronológico das informações coletadas na análise das noventa de quatro (94) decisões a forma como o STF tem se comportado na atualidade no julgamento dos recursos que envolvem discussão sobre o limite da multa tributária cobrada pelas autoridades fiscais.

Quando o caso chega ao STF envolvendo a cobrança de multa cuja carga seja superior a 100% do valor da obrigação principal tributária a qual se refira o ilícito, o próprio STF considera a multa inconstitucional por violação ao artigo 150, inciso IV, da CF/88, ocasião em que cancela a multa definitivamente (maioria dos casos) ou a reduz para o referido patamar (minoria dos casos).

Cabe destacar que em apenas dois casos (2% do total) a corte determinou o retorno do processo à segunda instância para que o tribunal de segunda instância efetivasse a redução da multa. Portanto, essa não é uma prática corriqueira da corte, até em respeito aos princípios da celeridade processual e duração razoável do processo (artigo 5, inciso LXVIII, da CF/88).

Por outro lado, quando o caso chega no STF tratando de uma multa que está dentro do limite de 100% do valor do principal do tributo (seja porque as instâncias anteriores a reduziram – maioria dos casos, ou porque a multa foi cobrada na origem dentro desse patamar), o tribunal rejeita o recurso no mérito alegando que ele está em confronto com a jurisprudência dominante do STF ou deixa de conhecer o recurso sob a justificativa de que ir contra a jurisprudência reiterada da corte exigiria o exame de fatos e provas para verificar a proporcionalidade e razoabilidade da multa em discussão, o que é vedado pela Súmula 279[39].

---

[39] A Súmula 279 do STF determina que *"para simples reexame de prova não cabe recurso extraordinário."*

Cumpre observar que o uso da Súmula 279 tem sido feito, sobretudo, pelos ministros Dias Tóffoli e Rosa Weber nos últimos anos como mera técnica de julgamento e não por discordarem dos precedentes da corte, já que esses mesmos ministros apontam nas suas decisões que a jurisprudência do STF está pacificada em torno das premissas expostas anteriormente.

Note-se, inclusive, que o próprio STF já reconheceu a possibilidade da corte analisar a confiscatoriedade das multas fiscais, sob uma ótica abstrata e geral, sem violar a Súmula 279 do STF (RE 833.106, ADI 1.075-1-MC/DF, ADI 551/RJ e a decisão que declarou a repercussão geral do RE 882.461/MG), desde que os fatos e as características da multa cobrada estejam claros no recurso e não haja divergência acerca desses fatos, já que nessa hipótese haveria apenas uma mera valorização da prova e interpretação jurídica dos fatos narrados, e não o reexame das provas existentes nos autos. Portanto, não se vislumbra a aplicação da Súmula 279 no julgamento do tema 487 da lista de repercussões gerais do STF.

Por fim, para fechar este capítulo, cumpre mencionar que o STF já se manifestou no sentido de que *"não é necessária identidade absoluta para aplicação dos precedentes dos quais resultem a declaração de inconstitucionalidade ou de constitucionalidade. Requer-se, sim, que as matérias examinadas sejam equivalentes."* (AI 607-616-AgR/RJ, Rel. Ministro Joaquim Barbosa).

No próximo capítulo apresentaremos uma síntese das principais premissas e conclusões extraídas do estudo analítico das decisões do STF descrito nos parágrafos precedentes, apontaremos as lacunas existentes em tais premissas e, em seguida, desenvolveremos um referencial teórico com base na doutrina aplicável para preencher tais lacunas, de modo que as premissas construídas pelo STF e refinadas por esse referencial teórico sirvam de ferramenta para alcançarmos uma solução satisfatória para a questão controversa objeto deste estudo.

4.
A identificação das premissas extraídas da jurisprudência do STF e seu refinamento com base na doutrina aplicável

4.1. A síntese das premissas extraídas da jurisprudência histórica do STF e as lacunas a serem preenchidas para sua aplicação ao caso

A etapa seguinte à análise da jurisprudência do STF sobre a limitação das multas fiscais é trazer os conceitos e ideias desenvolvidos pelo tribunal para a realidade das multas devidas por descumprimento de dever instrumental, de modo a construir uma ponte entre essa jurisprudência e a solução da questão controvertida tratada no tema 487.

O primeiro passo na construção dessa ponte é justamente sintetizar as premissas extraídas do exame analítico da jurisprudência e apontar quais problemáticas já foram solucionadas pelo STF e quais lacunas ainda precisam ser preenchidas ou quais conceitos precisam ser mais bem adaptados aos deveres instrumentais para permitir se alcançar a referida solução.

Nesse sentido, a primeira premissa desenvolvida pelo Supremo decorre de uma discussão já há muito solucionada pela corte, que é a confirmação da possibilidade do Poder Judiciário reduzir ou cancelar a multa fiscal – quer ela decorra do descumprimento de obrigação principal ou de dever instrumental –, que seja considerada excessiva ou desarrazoada, independentemente da sua aplicação decorrer de expressa previsão legal.

É comum que as autoridades respaldem a cobrança das multas fiscais, mesmo as abusivas, no simples fato dessas multas estarem previstas em leis ou normas infralegais (como os decretos que criaram os regulamentos estaduais do ICMS) e de terem verificado, na prática, a ocorrência do ato ilícito previsto por hipótese nessa legislação, sob a alegação de que estariam violando o princípio da legalidade se agissem de outra forma e que a cobrança visa desestimular novos descumprimentos.

A partir da análise da jurisprudência do STF, por outro lado, é possível constatar que a corte permite a flexibilização do princípio da legalidade, inclusive pelos juízes e tribunais, como maneira de dar à multa fiscal um valor e tratamento mais adequados aos princípios e regras previstos na Constituição Federal, não constituindo eventual redução ou cancelamento da multa fiscal uma violação à harmonia entre os três poderes. Ao contrário, é justamente função do Poder Judiciário fazer prevalecer uma conduta que esteja em linha com a Constituição Federal, ainda que a lei *stricto sensu* preveja de outra forma.

A segunda premissa que emerge da jurisprudência histórica do STF é o expresso reconhecimento, como resultado da evolução jurisprudencial desse instituto, de que a aplicação do princípio do não-confisco, atualmente previsto no artigo 150, inciso IV, da Constituição Federal, se estende às multas devidas por descumprimento de obrigação tributária principal ou dever instrumental, servindo como base jurídica para fundamentar, nas decisões proferidas pela corte, a redução ou cancelamento da multa fiscal excessiva.

Embora esse ponto não seja mais objeto de discussão no STF e, inclusive, é respaldado por juristas de relevo, como é o caso de Sacha Calmon e Mizabel Derzi[40] – os quais explicam que quando a sanção excede o necessário à sua finalidade, ela pode ser utilizada como instrumento arrecadatório disfarçado, revelando-se um confisco indireto.

É preciso mencionar, porém, que parte da doutrina discorda dessa posição e entende que a aplicação do princípio do não-confisco estabelecido pelo artigo 150, inciso IV, da CF/88 se limitaria aos tributos, que tem por hipótese de incidência o ato lícito, enquanto a multa tem como origem um ato ilícito e uma finalidade diversa do tributo.

---

[40] DERZI, Misabel Abreu Machado; COELHO, Sacha Calmon Navarro. *Direito Tributário Aplicado: estudos e pareceres*. São Paulo, Editora Del Rey, 1997, p. 137.

Nesse sentido, destacamos Hugo de Brito Machado e Estêvão Horvath, os quais escreveram trabalhos específicos sobre o assunto[41]. Para melhor ilustrar as justificativas utilizadas por essa linha de pensamento, citamos trecho de artigo elaborado por Hugo de Brito Machado[42]:

> "(...) Não se trata de interpretação meramente literal do art. 150, inciso IV, da Constituição Federal. A não aplicação desse dispositivo constitucional às penalidades tributárias decorre, repita-se, da evidente distinção que existe entre tributo e penalidade, cada qual com natureza e finalidade própria e inconfundível. Enquanto o tributo é cobrado em razão de condutas ordinárias, desejáveis, lícitas, e se destina ao financiamento das atividades do Estado, a multa é cobrada somente daqueles que violam a lei, é uma receita extraordinária que a rigor deve ser reduzida, pois o que se deseja e espera é o cumprimento da lei."

No entanto, essa divergência entre parte da doutrina e a posição consolidada pelo STF é relativa, pois esses mesmos autores apontam que o fato das multas fiscais não estarem sujeitas ao princípio do não-confisco tributário não significa que o legislador ou as autoridades fiscais estejam livres para fixar o valor dessas multas, mas a limitação ao qual estariam submetidos seria outra.

Para eles seria a falta de proporcionalidade e razoabilidade entre a infração cometida e a sanção imposta os reais limitadores constitucionais das multas fiscais, sejam elas decorrentes do descumprimento de obrigação tributária principal ou dever instrumental, o que nos leva para a terceira premissa fixada pelo STF na sua jurisprudência.

Apesar de reconhecer que o artigo 150, inciso IV, da Constituição Federal é uma cláusula aberta e de conceito indeterminado, o que dificulta identificar a partir de qual ponto a multa fiscal passa a ser confiscatória, é possível extrair da jurisprudência do STF a conclusão de que a dosimetria do confisco e a avaliação dos excessos eventualmente cometidos pelo

---

[41] Vide MACHADO, Hugo de Brito. *Curso de Direito Constitucional Tributário*. São Paulo. Malheiros Editores, 2012, p. 249; e HORVATH, Estêvão. *O Princípio do Não Confisco no Direito Tributário*. São Paulo, Dialética, 2002, p. 114 e ss.
[42] MACHADO, Hugo de Brito. *Inaplicabilidade da Vedação ao Confisco às Multas Tributárias* in Revista Dialética Tributária n. 235. São Paulo. Dialética, abril 2015, pp. 104-109.

legislador ordinário ou pelas autoridades fiscais na cobrança das multas deve ser feito por meio da aplicação dos princípios da proporcionalidade e da razoabilidade ao caso concreto.

Frise-se que é natural que os princípios, por pretenderem a realização do direito fundamental que visam proteger na máxima medida possível, acabem por englobar um variado espectro de situações[43], o que pode dificultar a sua delimitação do ponto de vista abstrato.

Tanto é assim, que existem estudiosos da matéria, como Paulo de Barros Carvalho, que afirmam que *a temática sobre as linhas demarcatórias do confisco, em matéria de tributo, não foi desenvolvida de modo satisfatório, podendo-se dizer que sua doutrina está ainda por ser elaborada*[44].

Não obstante, talvez de modo intuitivo ou meramente argumentativo, o fato é que o STF, no que se refere à limitação das multas fiscais, apontou um caminho que permite superar, ao menos nos casos concretos, essa indeterminação conceitual apontada pela doutrina e que é própria do princípio da vedação ao confisco.

Para o STF serão confiscatórias as multas fiscais que sejam desproporcionais e desarrazoadas[45]. A despeito de não fazer uma distinção clara entre esses dois princípios, é perceptível na jurisprudência da corte que existindo elementos que apontem para a desproporcionalidade ou falta de razoabilidade da multa fiscal, deve ser ela afastada.

O que o STF fez, a bem da verdade, foi utilizar a razoabilidade e a proporcionalidade para resolver uma aparente colisão entre o direito de propriedade dos contribuintes e o direito das autoridades fiscais

---

[43] Segundo Virgílio Afonso da Silva, a teoria dos princípios sustenta que, em geral, direitos fundamentais são garantidos por uma norma que consagra um direito *prima facie* e que denota um suporte fático amplo. Cf. SILVA, Virgílio Afonso da. *Direitos Fundamentais: conteúdo essencial, restrições e eficácia*. São Paulo, Malheiros Editores, 2009, p. 139.

[44] CARVALHO, Paulo de Barros. *Curso de Direito Tributário*. São Paulo. Saraiva, 2011, p. 213.

[45] Corroborando de certa forma essa posição desenvolvida pelo STF, Ricardo Lobo Torres entende que a questão da avaliação da proibição do confisco não deve ser centrada no exame da capacidade contributiva, mas sim na questão da limitação razoável ou não aos direitos fundamentais. Ainda que tenha desenvolvido essa linha de pensamento voltada para os tributos e não propriamente as multas fiscais, ela ajuda a demonstrar que a medição do não confisco está mais ligada aos princípios da razoabilidade e proporcionalidade, do que a questão da capacidade contributiva. Cf. TORRES, Ricardo Lobo. *Curso de Direito Financeiro e Tributário*, 17 ed., Rio de Janeiro, Editora Renovar, 2010.

exigirem multas por descumprimento das obrigações tributárias, como forma de sancionar o contribuinte pelo ato ilícito praticado e desestimulá-lo a praticar novos ilícitos.

Essa forma de trazer sentido prático para o não-confisco e de aplicá-lo (em conjunto com a razoabilidade e proporcionalidade) como fundamento para restringir as multas fiscais excessivas encontra respaldo na obra do jurista alemão Robert Alexy[46], segundo o qual, em síntese, a restrição a um direito fundamental só será válida quando respeitar o dever (ou postulado) da proporcionalidade, i.e., somente será constitucional a restrição a um determinado direito fundamental, se essa restrição for adequada, necessária e proporcional em sentido estrito (não excessiva). Uma vantagem desse caminho proposto por Alexy é que ele impede o esvaziamento de um determinado direito fundamental, sem introduzir uma rigidez excessiva.

Seguindo essa mesma linha de pensamento, é possível extrair da jurisprudência histórica do STF outras duas premissas complementares à terceira premissa exposta acima e que auxiliam na verificação da confiscatoriedade das multas fiscais.

Para o STF, é confiscatória a multa que não guarda proporcionalidade entre a gravidade do ato ilícito praticado pelo contribuinte e a sua consequência jurídica (a multa). Portanto, a quarta premissa implica realizar um juízo de gravidade do ato ilícito que justificou a cobrança da multa fiscal.

Além disso, também existe uma preocupação nas decisões do tribunal em se compatibilizar ou adequar a multa cobrada com a finalidade ou função por ela pretendida (normalmente vinculada à prevenção e repressão do ato ilícito), o que, frise-se, também é consequência do uso dos princípios da razoabilidade e proporcionalidade.

Nos casos analisados, sempre que os ministros constatavam que faltava a mencionada adequação determinavam o cancelamento da multa fiscal (numa parcela menor dos casos, determinava-se a sua redução apenas), constituindo essa a quinta premissa decorrente da análise das decisões da corte.

---

[46] ALEXY, Robert. *Teoria dos direitos fundamentais*. São Paulo, Malheiros Editores, 2008, p. 116.

Finalmente, a sexta premissa identificada foi a de que existe um limite objetivo a partir do qual a multa fiscal torna-se desproporcional, desarrazoada e, consequentemente, confiscatória. O limite em questão, e que foi utilizado de forma reiterada nas decisões do STF, especialmente naquelas proferidas nos últimos anos, corresponde ao montante equivalente a 100% do valor da obrigação tributária principal que se deixou de recolher ou ao qual se refira o ato ilícito que originou a multa fiscal.

O STF tem aplicado esse limite objetivo mesmo nos casos em que a multa tem um percentual inferior a 100%, mas é calculada sobre o valor da operação ou base de cálculo do tributo. Nesses casos, a corte usa como referência o valor absoluto do tributo para compará-lo com o valor absoluto da multa fiscal cobrada, o que permite visualizar com mais clareza seu excesso.

Conforme indicado anteriormente, cabe ressaltar que o STF ainda irá julgar dois casos com repercussão geral reconhecida (RE 736.090/SC e RE 882.461/MG) para determinar se nas hipóteses de multa moratória devida por pagamento em atraso do tributo, o seu patamar máximo seria inferior a 100% do valor da obrigação tributária principal, haja vista sua menor gravidade frente as multas meramente punitivas, bem como se esse limite poderia chegar a 150% do valor do principal nas situações envolvendo fraude comprovada, dada a maior gravidade.

Uma vez sintetizadas essas seis premissas, é possível observar que existem duas lacunas a serem preenchidas para permitir a identificação de quando a multa devida por descumprimento de dever instrumental, inclusive nos casos em que esse ato ilícito não resultou em sonegação fiscal, será considerada confiscatória.

A primeira lacuna diz respeito à necessidade de um maior aprofundamento do significado dos princípios da razoabilidade e proporcionalidade, bem como da necessidade de apreensão e exposição organizada dos critérios objetivos que devem ser observados para avaliar quando há e quando não há proporcionalidade e razoabilidade nos atos praticados pelas autoridades fiscais.

Como a razoabilidade e a proporcionalidade são palavras de uso contínuo, seja no direito ou na vida cotidiana, pode-se ter a impressão de que teriam significado facultativo, variando conforme o estado de espírito e outras disposições momentâneas de quem as utiliza, o que, como veremos, não reflete os estudos já desenvolvidos sobre esses dois princípios. O seu uso mecânico pode até lhes corroer o real significado jurídico, daí porque o assunto merece uma exposição mais detalhada sobre o que já disse a doutrina a esse respeito.

Outra lacuna relevante se refere à identificação da finalidade e da função da multa devida por descumprimento de dever instrumental, assim como do próprio dever instrumental em si, já que esses dois elementos são importantes tanto para auxiliar na medição, em abstrato, da gravidade do ato ilícito praticado na hipótese de não cumprimento dos deveres instrumentais, assim como para permitir o juízo de adequação entre a multa cobrada e a sua função e finalidade exigidos pelo STF (e pelos princípios da razoabilidade e proporcionalidade).

Preenchidas essas lacunas, será possível avaliar e concluir se há (e em que situações) desproporcionalidade e falta de razoabilidade na cobrança de multa por descumprimento de dever instrumental, inclusive nos casos em que esse descumprimento não implicou falta de tributo, e, considerando as premissas já firmadas pelo STF, dizer se a multa é ou não confiscatória e inconstitucional.

No próximo subcapítulo dedicaremos espaço para o preenchimento da primeira lacuna por meio da exposição mais aprofundada acerca dos princípios da razoabilidade e proporcionalidade e seus respectivos critérios jurídicos, o que permitirá desenvolver um referencial teórico para refinar as mencionadas premissas.

4.2. A razoabilidade e proporcionalidade e os critérios para sua aplicação aos casos concretos

A razoabilidade e a proporcionalidade são talvez os mais importantes princípios residentes em nosso sistema jurídico, o que não é diferente em outros países que detêm Estado de Direito, como, por exemplo, nos Estados Unidos e na Alemanha. Ao mesmo tempo que são tão importantes, é curioso perceber como, na prática, ambos são tão pouco observados no trabalho legislativo ou mesmo na rotina das autoridades fiscais, que preferem se agarrar com afinco à mera legalidade para justificar a grande maioria dos seus atos.

Essa característica peculiar da razoabilidade e da proporcionalidade possivelmente é fruto da dificuldade na compreensão do seu significado jurídico (e não apenas leigo), seja pelas autoridades fiscais ou mesmo pelos tribunais, e, também, da pouca difusão de critérios objetivos que permitem verificar, em cada caso concreto, se um determinado ato administrativo é ou não proporcional e razoável.

Para tentar superar esses dois obstáculos e trazer mais clareza sobre esses princípios[47] que, a bem da verdade, constituem o fundamento mais forte das decisões proferidas pelo Supremo Tribunal Federal que reputaram inconstitucionais inúmeras multas fiscais previstas na legislação tributária, pretendemos nos valer das explicações existentes nas obras de autores nacionais e estrangeiros que se aprofundaram com maior seriedade sobre o assunto, de tal sorte que seja possível extrair da doutrina critérios que auxiliem na identificação de quando a multa devida por descumprimento de dever instrumental passa os limites do proporcional e razoável, tornando-se confiscatória, segundo o entendimento do STF.

Logo de início é pertinente dizer que tais princípios não se encontram expressamente previstos na Constituição Federal de 1988, de modo que a sua existência, na linha do que foi construído pela doutrina e jurisprudência alemãs[48], pode ser admitida como algo implícito no sistema e que deflui do próprio Estado de Direito Brasileiro mencionado nos artigos 1 a 6 da CF/88, de tal sorte que sempre que os representantes estatais ou legisladores agem de forma desarrazoada ou desproporcional estão, na verdade, ferindo a própria finalidade do Estado de Direito assim como o conhecemos e desejamos. Dessa linha de pensamento

---

[47] Nesta obra adotamos o termo "princípio" para se referir a razoabilidade e a proporcionalidade, assim como o fez o STF nas decisões pesquisadas e por entender que ele representa melhor a prática dos tribunais brasileiros e o alto nível de importância que têm no ordenamento jurídico nacional. Cabe observar, porém, que a utilização desse termo não é unânime na doutrina. Humberto Ávila, por exemplo, prefere o termo "postulado normativo aplicativo", pois entende que ele reflete melhor a ideia de que a razoabilidade e a proporcionalidade estabelecem critérios para a aplicação de outras normas jurídicas, e não simplesmente a promoção de um estado ideal de coisas que deve ser perseguido na medida do possível. Cf. ÁVILA, Humberto. *Teoria dos Princípios da definição à aplicação dos princípios jurídicos*, Malheiros Editores, São Paulo, 2003. Virgílio Afonso da Silva escreveu artigo que sintetiza bem essa discussão na doutrina nacional e estrangeira. Cf. SILVA, Virgílio Afonso da. *Princípios e regras: mitos e equívocos acerca de uma distinção* in Revista Latino-americana de estudos constitucionais n. 1, janeiro/junho de 2003, p. 607.

[48] Cf. GUERRA FILHO, Willis Santiago. Da interpretação especificamente constitucional in Revista de Informação Legislativa 128, Brasília, 1995, pp. 255-259.

compartilham, por exemplo, os Ministros Roberto Barroso[49] e Gilmar Mendes[50].

Por outro lado, sob a inspiração da doutrina e jurisprudência norte-americanas, também é possível aplicar a razoabilidade e a proporcionalidade com base na cláusula do devido processo legal[51], o que, inclusive, foi feito pelo STF no julgamento da ADI 1.075-1-MC/DF, quando o Ministro Celso de Mello mencionou no voto vencedor que tais princípios atuam *enquanto projeção concretizadora da cláusula do substantive due process of law*.

Uma terceira via defendida por Robert Alexy, Humberto Ávila e Virgílio Afonso da Silva diz que a exigibilidade de observância da razoabilidade e proporcionalidade não decorre de um dispositivo constitucional específico ou das linhas de pensamento expostas acima, mas sim da própria estrutura dos direitos fundamentais[52], de modo que independem de disposição específica na legislação ou na constituição federal para serem utilizados nos casos concretos.

Qualquer que seja a linha de fundamentação que se pretenda utilizar, o fato é que todas elas servem para justificar a aplicabilidade desses dois princípios no ordenamento jurídico nacional. Em complementação a isso, cabe mencionar que, no âmbito federal, atualmente ambos os princípios estão positivados no artigo 2 da Lei 9.784/1999, que determina que *a Administração Pública obedecerá, entre outros, aos princípios da legalidade, finalidade, motivação, razoabilidade, proporcionalidade etc.*

Seguindo adiante, uma questão relevante e que surge como decorrência do uso do termo "princípio" para designar a razoabilidade e a proporcionalidade é saber se eles seriam abertos e meramente informativos,

---

[49] Cf. BARROSO, Luís Roberto. *Os princípios da razoabilidade e da proporcionalidade no direito constitucional* in Revista dos Tribunais – Cadernos de Direito Constitucional e Ciência Política n. 23, 1998, pp. 65-78.

[50] Segundo Gilmar Mendes, no Direito Constitucional alemão outorga-se ao princípio da proporcionalidade (Verhaaltnismassigkeit) ou ao princípio da proibição do excesso (Ubermassverbot) qualidade de norma constitucional não-escrita, derivada do Estado de Direito. Cf. MENDES, Gilmar Ferreira. *Controle de Constitucionalidade. Aspectos Jurídicos e Políticos*, São Paulo, Saraiva, 1990, p. 43.

[51] Nesse mesmo sentido vide BASTOS, Celso Ribeiro. *Hermenêutica e Interpretação Constitucional*, 3 edição revista e ampliada, Celso Bastos Editor, São Paulo, 2002, p. 236.

[52] Cf. SILVA, Virgílio Afonso da. *O proporcional e o razoável* in Revista dos Tribunais (RT) 798/24, ano 91, abr. 2002, pp. 22-23.

i.e., somente apontam para uma direção desejada, ou, pelo contrário, são princípios normativos (regras), que servem de padrões de conduta e são juridicamente vinculativos.

A discussão na doutrina sobre esse ponto é tormentosa, passando inclusive pela denominação a ser adotada (princípio, regra, postulado etc). Humberto Ávila sintetizou bem a longa discussão existente na doutrina sobre essa questão, conforme vemos no trecho abaixo extraído de sua obra dedicada ao assunto[53]:

> "As dificuldades de enquadramento da proporcionalidade, por exemplo, na categoria de regras e princípios evidenciam-se nas próprias concepções daqueles que a inserem em tais categorias. Mesmo os adeptos da compreensão dos aqui denominados *postulados normativos aplicativos* como regras de segundo grau reconhecem que eles, ao lado dos deveres de otimização, seriam uma *forma específica de regras (eine besondere Form von Regeln)*. Também os adeptos de sua compreensão como princípios reconhecem que eles funcionam como máxima ou *topos* argumentativo que mescla o caráter de regras e de princípios. Outras já os enquadram, com sólida argumentação, na categoria de princípios distintos, denominados de *princípios de legitimização*. Há, ainda, aqueles que os representam como normas metódicas.
>
> Essas considerações levam ao entendimento de que esses deveres merecem uma caracterização à parte e, por consequência, também uma denominação distinta. Neste trabalho eles são denominados de *postulados normativos aplicativos*. A denominação é secundária. O decisivo é constatar e fundamentar sua diferente operacionalidade."

Como já foi dito anteriormente, não se pretende propor soluções para esse tipo de divergência doutrinária, sob pena de desviarmos do seu objetivo principal que é propor uma solução para a questão controversa tratada no tema 487 da lista de repercussões gerais, especialmente porque existem diversas obras que se ocuparam da análise do assunto com muito mais profundidade e competência, além da citada obra de Humberto Ávila[54].

---

[53] ÁVILA, Humberto. *op. cit*, p. 82.
[54] Nesse sentido, vide ALEXY, Robert. *Teoria dos direitos fundamentais*. São Paulo, Malheiros Editores, 2008; GUERRA FILHO, Willis Santiago. *Princípio da proporcionalidade e teoria do direito* in: Grau, Eros Roberto / Guerra Filho, Willis Santiago (org.), *Direito constitucional: estudos em*

Assim, para fins deste estudo, adotaremos uma posição mais próxima àquela explicada por Virgílio Afonso da Silva, o qual menciona que os princípios ou as disposições com estrutura principiológica existentes nas constituições antes eram tidas como meramente programáticos, mas hoje são vistos como dotados de eficácia normativa, a vincular todos os poderes constituídos, notadamente juízes e legisladores[55].

Tendo por base a obra de Robert Alexy, Virgílio Afonso aponta que proporcionalidade dentro da perspectiva alexyana de distinção entre princípios e regras deve ser considerada como regra, em razão de não produzir efeitos distintos e gradativos, apresentando-se de forma constante e invariável. Isso ficaria evidente quando se admite que a aplicação da proporcionalidade se faz pela subsunção, técnica somente admitida para essa categoria normativa[56].

A nosso ver, essa posição reflete melhor a forma como o STF tem utilizado a razoabilidade e a proporcionalidade nas decisões pesquisadas, i.e., como regra que, ao mesmo tempo que serve de referência para a conduta das autoridades fiscais e do legislador, também os vincula juridicamente, razão pela qual podem ser utilizadas para justificar o controle e o afastamento dos atos estatais, ainda que tenham sido praticados com base em permissivo legal.

Ou seja, a razoabilidade e a proporcionalidade qualificam-se, na visão encontrada na jurisprudência do STF, como parâmetro de aferição da constitucionalidade material dos atos estatais.

Essa forma do STF encarar a razoabilidade e a proporcionalidade fica mais clara, por exemplo, na decisão proferida na Medida Cautelar em Ação Direta de Inconstitucionalidade 2667[57] (Tribunal Pleno, Rel. Ministro

---

homenagem a Paulo Bonavides. São Paulo: Malheiros, 2001, pp. 268-283; BONAVIDES, Paulo. Curso de direito constitucional, 9 ed., Malheiros Editores, São Paulo, 2000, pp. 248-252; e GRAU, Eros Roberto. *A ordem econômica na Constituição de 1988 (interpretação e crítica)*, 3 ed., Malheiros Editores, São Paulo, 1997, pp. 73-120.

[55] Cf. SILVA, Virgílio Afonso da. *Princípios e regras: mitos e equívocos acerca de uma distinção* in Revista Latino-americana de estudos constitucionais n. 1, janeiro/junho de 2003, p. 607.

[56] Cf. SILVA, Virgílio Afonso da. *O proporcional e o razoável* in Revista dos Tribunais (RT) 798/24, ano 91, abr. 2002.

[57] Nesse mesmo sentido confira-se, também, a decisão proferida na Medida Cautelar em Ação Direta de Inconstitucionalidade 1753 (Tribunal Pleno, Rel. Ministro Sepúlveda Pertence, julgado em 16.4.1998).

Celso de Mello, julgado em 19.6.2002), na qual a corte expressamente diz que *todos os atos emanados do poder público estão necessariamente sujeitos, para efeito de sua validade material, à indeclinável observância de padrões mínimos de razoabilidade. As normas legais devem observar, no processo de sua formulação, critérios de razoabilidade que guardem estrita consonância com os padrões fundados no princípio da proporcionalidade, pois todos os atos emanados do Poder Público devem ajustar-se à cláusula que consagra, em sua dimensão material, o princípio do "substantive due process of law".*

Feitos esses comentários iniciais sobre os princípios da razoabilidade e da proporcionalidade, passaremos ao estudo específico de cada um deles, a começar pelo princípio da proporcionalidade.

Princípio da Proporcionalidade

É pertinente mencionar que existe consenso em parte considerável da doutrina que se dedicou ao assunto a respeito dos critérios para a verificação do princípio da proporcionalidade, residindo as principais diferenças no que se refere ao conteúdo do princípio da razoabilidade, como veremos no próximo tópico.

O referido consenso quando se trata da proporcionalidade decorre da própria origem dos critérios que serão expostos a seguir, os quais surgiram como resultado do desenvolvimento da jurisprudência do Tribunal Constitucional Federal Alemão e que, em seguida, passaram a ser irradiados pela doutrina alemã num primeiro momento e pelas doutrinas escritas nos demais países num segundo momento, aí incluído o Brasil.

A argentina Laura Clérico[58] explica que na forma desenvolvida pela jurisprudência constitucional alemã, a proporcionalidade contém três critérios (ou subdivisões) independentes para permitir que determinado direito afetado no caso concreto seja realizado da forma mais ampla possível de acordo com as possibilidades jurídicas e fáticas existentes.

A estudiosa argentina indica, ainda, que esse desenvolvimento se deu sob a perspectiva da aplicação da proporcionalidade como mecanismo de proibição ao excesso (*übermaßverbot*) e que mais recentemente, ao menos a partir de decisões proferidas em 1993 e 1998 acerca da possibilidade de realização do aborto, o Tribunal Constitucional Alemão começou a expandir

---

[58] CLÉRICO, Laura. *El examen de proporcionaliad en el derecho constitucional.* Editorial: Eudeba, 2010.

a aplicação da proporcionalidade, também, como mecanismo de proibição da omissão ou ação insuficiente (*untermaßverbot*).

Neste estudo em específico nos interessa dar maior visibilidade à proporcionalidade como mecanismo para evitar o excesso, e para esse fim podemos dividir a proporcionalidade em três sub-regras[59]: **adequação** (*das Gebot der Geeignetheit*), **necessidade** (*das Gebot der Erforderlichkeit*) e **proporcionalidade em sentido estrito** (*das Gebot der Proportionalitat im engeren Sinne*), a serem aplicadas nessa ordem pré-definida.

Em síntese, a proporcionalidade deve ser verificada pelos critérios da adequação do meio utilizado para a persecução ou fomento do fim almejado (o meio promove o fim?), necessidade desse meio (dentre as alternativas adequadas existentes para fomentar o fim almejado, existe alguma outra que restrinja menos o direito afetado?) e aplicação de um juízo de ponderação entre as vantagens e as desvantagens provocadas pela adoção do meio analisado (proporcionalidade em sentido estrito).

Conquanto essa subdivisão tenha sido ignorada pela jurisprudência do STF até o momento, ela já foi por muitas vezes explicada ou reproduzida pela doutrina pátria e estrangeira, ainda que essa explicação nem sempre se dê de maneira a facilitar sua aplicação aos casos concretos.

Uma omissão por vezes encontrada em diversos artigos que tratam dessas subdivisões diz respeito a um aspecto singelo à primeira vista, mas importante para sua aplicação prática, que é a existência de uma relação de subsidiariedade entre eles, até por uma questão lógica, pois sem uma relação meio/fim adequada não se pode sequer realizar o exame da proporcionalidade diante da falta do primeiro elemento básico que a estrutura, que é a relação de causalidade entre um meio (medida concreta) e um fim, os quais correspondem aos pontos de referência mínimos necessários ao seu exame[60].

Assim, primeiro deve-se analisar o critério da adequação e, somente se esse critério for atendido, avançaremos ao segundo critério da necessidade. Se atendidos esses dois critérios passaremos, por fim, ao exame da proporcionalidade em sentido estrito.

---

[59] A referida subdivisão tripartida da proporcionalidade é a posição majoritariamente encontrada na doutrina especializada, inclusive na obra de Robert Alexy (ALEXY, Robert. *Teoria dos direitos fundamentais*. São Paulo, Malheiros Editores, 2008).

[60] Humberto Ávila deixa claro na sua obra que *sem um meio, um fim concreto e uma relação de causalidade entre eles não há aplicabilidade do postulado da proporcionalidade em seu caráter trifásico*. Cf. ÁVILA, Humberto. *op. cit*, pp. 104-105.

Portanto, existe uma ordem pré-estabelecida a ser seguida e não necessariamente a aplicação da proporcionalidade aos casos concretos irá implicar a análise dessas três subdivisões, bastando o não atendimento de uma delas para que se configure a desproporcionalidade. O reconhecimento da proporcionalidade no caso concreto, por outro lado, exige o atendimento dos três critérios cumulativamente.

Feito esse esclarecimento preliminar, passaremos agora a expor, com base na doutrina já citada, uma explicação objetiva de cada uma das três subdivisões que compõem a proporcionalidade, mas que seja suficientemente abrangente para permitir a sua compreensão e aplicação ao caso objeto do tema 487.

A primeira subdivisão que nos ocuparemos é a da adequação entre o fim pretendido pela norma e o meio por ela enunciado para sua consecução. Virgílio Afonso da Silva[61] faz uma constatação quando fala da adequação que nos parece bastante relevante para o correto entendimento desse critério.

Segundo ele, difundiu-se em várias obras no Brasil um conceito de adequação que não seria o mais completo, segundo o qual um meio deve ser considerado adequado se for apto para alcançar o resultado pretendido. Ele avalia, porém, que houve uma tradução imprecisa do termo *fördern* utilizado nas decisões do tribunal constitucional alemão, que foi traduzido ao português como se fosse "alcançar" quando na verdade significa "fomentar" ou "promover".

Assim, adequado não seria apenas o meio com cuja utilização uma finalidade é alcançada, mas também o meio que tenha eficácia para fomentar ou promover a finalidade buscada, ainda que essa finalidade não seja realizada integralmente. Segundo Virgílio Afonso, essa conclusão também ficaria clara na definição apresentada pelo alemão Martin Borowski (assistente de Robert Alexy). Essa forma de definir a adequação é compartilhada, também, por Willis Santiago Guerra Filho[62] e pelo Ministro Luís Roberto Barroso[63].

---

[61] SILVA, Virgílio Afonso da. *O proporcional e o razoável* in Revista dos Tribunais (RT) 798/24, ano 91, abr. 2002, p. 36-37.

[62] Cf. GUERRA FILHO, Willis Santiago. *Teoria processual da constituição*. São Paulo, Celso Bastos Editor, 2010, p. 84-85.

[63] BARROSO, Luís Roberto. Os princípios da razoabilidade e da proporcionalidade no direito constitucional in Revista dos Tribunais – Cadernos de Direito Constitucional e Ciência Política n. 23, 1998, p. 71.

A ideia aqui é que a realização de um ato estatal visando uma determinada finalidade (como a cobrança de uma multa fiscal) pode limitar o exercício de determinado direito (o direito de propriedade no caso da multa fiscal), desde que algumas condições estejam presentes.

A primeira dessas condições é justamente a relação entre o meio utilizado e o fim buscado. Se a pessoa afetada pelo meio tem de suportar uma restrição a um direito seu, ao menos se espera que esse meio seja capaz de alcançar ou fomentar a finalidade pretendida em algum nível racionalmente aceitável. Caso contrário, as razões que justificariam essa restrição ao direito individual desaparecem e o meio se torna inadequado e, por consequência, desproporcional.

Desse modo, o ato estatal analisado deve se valer de um meio que promova em algum nível o fim, mesmo que esse meio não seja o mais intenso, o melhor nem o mais seguro em termos probabilísticos, e ainda que a realização do fim se dê apenas parcialmente (i.e. em nível de fomento ou promoção). Porém, se o meio não promove o fim (nem mesmo num nível fraco ou baixo) estamos diante de um meio inadequado e que restringe determinado direito de forma desproporcional, o que é inadmissível.

Seguindo essa lógica, Laura Clérico[64] aponta que o exame da adequação supõe os seguintes elementos: **(i)** a identificação e precisão da melhor forma possível do fim almejado e que seja legítimo (i.e., o fim não seja proibido pela Constituição); **(ii)** a individualização do meio a ser implementado; e **(iii)** a identificação do(s) direito(s) afetado ou restringido pelo meio.

Uma vez identificados esses elementos é possível examinar a relação de alcance ou fomento/promoção entre o meio e o fim e averiguar sua

---

[64] CLÉRICO, Laura. *op.cit*. Trata-se de tradução livre do seguinte trecho escrito pela constitucionalista argentina originalmente em espanhol: "(...) Así, el examen de la idoneidad supone: a) la identificación y precisión en la mayor medida posible del fin o de los fines estatales legítimos (es decir, un fin que no este prohibido por la Constitución de forma definitiva) y sin reducciones ni aumentos del fin; b) la individualización del médio implementado, y c) la identificación del (o los) derecho(s) afectado(s) por la limitación que se ataca de excesiva. Una vez identificados los elementos objeto de examen, se les aplica la siguiente regla, que examina otro elemento de este examen, d) la relación de "fomento" entre medio y fin: (REG) Cuando el medio establecido – que afecta derechos fundamentales – puede fomentar el fin (no i-) legítimo, entonces debe ser examinada la necesidad y proporcionalidad en sentido estricto de la medida (estatal). (REG) Cuando el medio establecido – que afecta derechos fundamentales – no puede fomentar el fin (no i-) legítimo, entonces la medida (estatal) es desproporcionada en sentido amplio.

adequação e, consequentemente, proporcionalidade. Se houver mais de um fim almejado, a adequação deve ser examinada e demonstrada em relação a todos esses fins cumulativamente.

Nesse sentido, torna-se importante investigar o significado de fim e como encontrá-lo no caso concreto, já que a individualização do meio e a identificação do direito por ele afetado normalmente resultam do mero exame das circunstâncias concretas. O fim, entretanto, nem sempre se revela com facilidade diante do simples exame dos fatos ou da legislação.

A esse respeito, Humberto Ávila[65], usando como referência o tributarista alemão Klaus Vogel e o constitucionalista também alemão Christian Waldhoff, fala que o fim consiste num ambicionado resultado concreto ou um estado desejado de coisas, inclusive dar causa ou impedir a realização de determinadas ações, ou alcançar um determinado estado ou estágio de coisas.

Além disso, ele explica que os fins que interessam ao exame da proporcionalidade (que ele denominou de fins externos) seriam aqueles que constituem em finalidades atribuídas ao Estado e que são identificados a partir de uma relação entre causa e efeito. *Os fins externos são aqueles que podem ser empiricamente dimensionados, de tal sorte que se possa dizer que determinada medida seja meio para atingir determinado fim (relação causal). Os fins sociais e econômicos podem ser qualificados de fins externos, como o são a praticabilidade administrativa, o planejamento econômico específico, a proteção ambiental. Quando houver um fim específico a ser atingido pode-se considerar o meio como causa da realização do fim.*

De forma prática, Laura Clérico[66] fala que para a determinação do fim é importante a descrição do estado de início e o estado ao final, i.e., o que se busca alcançar ou provocar em comparação com o que de fato se alcançou com aquele meio. Trata-se de uma explicação derivada da relação de causa e efeito apontada por Humberto Ávila.

Outra observação relevante quando tratamos do critério da adequação se refere à forma de controle dos atos estatais. Sob esse ponto de vista a adequação pode ser examinada sob uma ótica abstrata/geral ou concreta//particular.

---

[65] Cf. ÁVILA, Humberto. *op. cit*, pp. 106-108.
[66] Cf. CLÉRICO, Laura. *op. cit.*

Na primeira situação (abstrata e geral) um meio pode ser considerado abstratamente e genericamente adequado, se o fim for possivelmente e geralmente (i.e., na maioria dos casos) realizável com sua adoção, independentemente desse fim ter sido efetivamente realizado. Por outro lado, sob uma ótica concreta e particular, o meio somente será adequado se o fim for efetivamente realizado no caso individual sob análise.

Essa forma de analisar a adequação é especialmente relevante quando ela é realizada pelo Poder Judiciário como forma de verificação da proporcionalidade dos atos estatais, pois uma determinada norma pode estabelecer um meio que seja abstratamente e genericamente adequado, mas, quando esse meio é utilizado pela autoridade pública num caso concreto, se revela inadequado, pois naquele caso em específico o meio não foi capaz de efetivamente alcançar ou fomentar o fim almejado.

Passaremos agora ao exame da segunda subdivisão da proporcionalidade, que é a *necessidade* do meio utilizado. Segundo Robert Alexy[67], essa subdivisão da proporcionalidade tem inspiração na denominada eficiência de Pareto, que, em apertada síntese, se refere a um conceito de economia desenvolvido por Vilfredo Pareto, segundo o qual uma situação econômica é eficiente se não for possível melhorar tal situação sem prejudicar qualquer outro agente econômico.

O critério da necessidade estabelece que, embora um determinado meio ou ato estatal seja adequado para alcançar ou fomentar o fim pretendido, ele somente será necessário se esse fim não puder ser alcançado ou promovido, em intensidade equivalente ou similar, através de outro meio ou ato estatal que restrinja o direito afetado por aquele meio ou ato estatal em menor escala.

Assim, *suponha-se que, para promover o objetivo O, o Estado adote a medida M1, que limita o direito D. Se houver uma medida M2 que, tanto quanto M1, seja adequada para promover o objetivo O, mas limite o direito D em menor intensidade, então a medida M1 utilizada pelo Estado não é necessária. A diferença entre o exame da necessidade e o da adequação é clara: o exame da necessidade é um exame imprescindivelmente comparativo, enquanto que o da adequação é um exame absoluto*[68].

---

[67] Cf. ALEXY, Robert. *Teoria dos direitos fundamentais*. São Paulo, Malheiros Editores, 2008.
[68] Trecho extraído de SILVA, Virgílio Afonso da. *O proporcional e o razoável* in Revista dos Tribunais (RT) 798/24, ano 91, abr. 2002, p. 38.

Sob uma perspectiva prática, o exame da necessidade envolve três etapas: **(i)** averiguação se existem outros meios alternativos que potencialmente possam atingir o mesmo fim; **(ii)** o exame e a confirmação da adequação do meio alternativo e em intensidade igual ou similar; e **(iii)** a análise do meio menos restritivo em relação ao direito afetado.

O último critério a ser verificado, desde que o ato estatal ou meio seja adequado e necessário, é a proporcionalidade em sentido estrito, que consiste na ideia de que um meio adequado e necessário para alcançar ou fomentar determinada finalidade não deve ser implementado se os prejuízos que causar ao direito afetado forem maiores ou mais intensos que a importância da finalidade a ser alcançada ou fomentada, ocasião em que restaria revelada a desproporcionalidade desse meio, não obstante sua adequação e necessidade.

Desse modo, para a verificação desse terceiro critério é necessário um sopesamento entre a intensidade da restrição ao direito atingido pelo meio ou ato estatal e a importância da realização do direito que com ele colide e que justifica ou baseia a finalidade que se pretende alcançar ou fomentar. Portanto, a colisão de direitos e o sopesamento desses direitos podem ser tratados como pressupostos para a aplicação da proporcionalidade em sentido estrito.

Segundo Virgílio Afonso da Silva[69], *para que uma medida seja considerada desproporcional em sentido estrito, basta que os motivos que fundamentam a adoção da medida não tenham peso suficiente para justificar a restrição ao direito atingido.*

O autor, inclusive, descreve um exemplo para demonstrar a importância dessa terceira subdivisão da proporcionalidade: *Se, para combater a disseminação da Aids, o Estado decidisse que todos os cidadãos devessem fazer exame para detectar uma possível infecção pelo HIV e, além disso, prescrevesse que todos os infectados fossem encarcerados, estaríamos diante da seguinte situação: a medida seria, sem dúvida, adequada e necessária, nos termos previstos pela regra da proporcionalidade, já que promove a realização do fim almejado e, embora seja fácil imaginar medidas alternativas que restrinjam menos a liberdade e a dignidade dos cidadãos, nenhuma dessas alternativas teria a mesma eficácia da medida citada. Somente o sopesamento que a proporcionalidade em sentido estrito exige é capaz de evitar que esse tipo de medida descabida seja considerado proporcional, visto que, após ponderação racional, não há como não decidir pela liberdade e dignidade humana (art. 5*

---

[69] Idem, ibídem, pp. 40-41.

e 1, III), ainda que isso possa, em tese, implicar um nível menor de proteção à saúde pública (art. 6).

É possível constatar que se trata de um exame com certo grau de subjetivismo, o que pode tornar a aplicação da proporcionalidade em sentido estrito relativamente mais complexa do que os outros dois critérios exigidos pela proporcionalidade em sentido amplo, daí porque vale fazer uso, nos casos concretos, de três perguntas formuladas por Humberto Ávila[70] para auxiliar no exame da proporcionalidade em sentido estrito, quais sejam: *O grau de importância da promoção do fim justifica o grau de restrição causada aos direitos afetados? Ou, de outro modo: As vantagens causadas pela promoção do fim são proporcionais às desvantagens causadas pela adoção do meio? A valia da promoção do fim corresponde à desvalia da restrição causada?*

É pertinente observar que embora existam diferenças na forma como Humberto Ávila e Virgílio Afonso da Silva desenvolveram suas explicações acerca do que seriam os princípios da proporcionalidade e razoabilidade. No que se refere ao critério da proporcionalidade em sentido estrito o entendimento desses dois autores parece convergir, daí porque estamos citando trechos das obras dos dois para tentar explicar tal critério.

Feitos esses esclarecimentos, para encerrar a explicação acerca da proporcionalidade e da forma da sua verificação citamos trecho extraído de artigo de Hugo de Brito Machado Segundo, o qual sintetiza com clareza a aplicação dos critérios que levam à proporcionalidade no seguinte exemplo[71]:

> "(...) Um bom exemplo disso pode ser colhido na prescrição de um tratamento de saúde por um médico. Suponha-se que o paciente tem dores no joelho, e o ortopedista lhe pretende receitar um medicamento. Inicialmente, será o caso de verificar se o medicamento realmente produzirá efeitos sobre o joelho dolorido. Caso nenhum efeito produza sobre ele, não será atendido o quesito da adequação. Em seguida, o médico examinará se não existe outra droga ou tratamento (acupuntura, ginástica, fisioterapia...) igualmente eficaz para o tratamento do problema, mas que seja menos gravoso a outros valores a serem por ele igualmente respeitados (economia, conforto, saúde de outras partes do corpo etc.). Se há marca mais barata, não há motivo para receitar

---

[70] Cf. ÁVILA, Humberto. *op. cit*, pp. 106-108.
[71] MACHADO SEGUNDO, Hugo de Brito. *Multas Tributárias, Proporcionalidade e Confisco* in Revista de Direito Tributário Atual n. 27. São Paulo, Dialética, 2012, p. 376.

a mais cara. Se o paciente é uma criança, o tratamento será demorado e há xarope com agradável sabor de frutas, não há razão para receitar doloridas injeções. Se há versão sem efeitos colaterais, não há justificativa para receitar aquela que os têm. Trata-se, aí, do requisito da necessidade. E, finalmente, se apenas existe um remédio que cura o problema, caro e com severos efeitos colaterais (sendo, portanto, adequado e necessário receitá-lo, se se pretende curar o problema), será o caso de verificar se esses efeitos colaterais não serão mais graves e danosos que a própria doença a ser combatida, sendo, portanto, preferível não remediá-la (proporcionalidade em sentido estrito). Se a única droga capaz de realmente curar as dores no joelho causará danos irreversíveis ao fígado, pode ser o caso de não a prescrever em absoluto, sendo preferíveis as dores eventuais no joelho a um problema hepático que pode conduzir à morte do paciente."

Princípio da Razoabilidade

Por fim, para fechar esse subcapítulo e explicar o que seria a razoabilidade, é necessário nos posicionarmos acerca de uma questão relevante em torno da razoabilidade e proporcionalidade, que é saber se esses princípios se confundem ou se correspondem a conceitos efetivamente diferentes.

Na doutrina não há um entendimento uníssono acerca da distinção entre a proporcionalidade e a razoabilidade, encontrando-se manifestações que ora os identificam como sinônimos ora referem-se a eles como fenômenos distintos[72].

A doutrina sobre a matéria não é uníssona nem em relação a serem esses princípios diferentes, nem em relação ao seu conteúdo. Uma parte minoritária, como é o caso do Prof. Celso Antônio Bandeira de Mello, entende que esses princípios seriam equivalentes.

A grande maioria dos autores que escreveram a respeito do assunto, porém, os vê como princípios distintos, limitando-se a reproduzir a ideia de que a razoabilidade teria origem no sistema jurídico anglo-saxão,

---

[72] Celso Antônio Bandeira de Mello, por exemplo, entende que os dois princípios têm a mesma matriz constitucional, a legalidade, não sendo a proporcionalidade outra coisa senão um aspecto da própria razoabilidade (BANDERIA DE MELLO, Celso Antônio. *Curso de direito administrativo*. Malheiros Editores, São Paulo, 1993, pp. 101-102). Em sentido contrário podemos citar Virgílio Afonso da Silva, Humberto Ávila e Lúcia Valle Figueiredo (Cf. FIGUEIREDO, Lúcia Valle. *Curso de direito administrativo*. Saraiva, São Paulo, 2005, pp. 50-51.

particularmente na Magna Carta de 1215, e que, em especial na jurisprudência norte-americana, seria um desdobramento da cláusula do *due process of law*, tendo como característica essencial situar os atos estatais dentro de limites racionalmente aceitáveis e que estejam em conformidade com os valores que fundamentam o ordenamento jurídico nacional.

Diante desse impasse doutrinário, para fins deste estudo, adotaremos mais uma vez a posição desenvolvida por Virgílio Afonso da Silva[73] e que, de certa forma, é compartilhada pela visão de outros autores[74], inclusive o Ministro Roberto Barroso[75].

Essa escolha se deu, sobretudo, por entendermos que Virgílio Afonso da Silva foi um dos autores que melhor enfrentou essa questão na doutrina nacional e o fez de forma cuidadosa, tendo tomado o cuidado de verificar a veracidade das ideias que foram reproduzidas tantas vezes sobre o tema.

Ademais, quando se trata de razoabilidade, a doutrina e a jurisprudência (nacional ou estrangeira), de forma geral, não foram capazes de desenvolver indicadores de mensuração próprios, como ocorreu com a proporcionalidade.

Dito isso, cabe esclarecer que para Virgílio Afonso da Silva, assim como para o Ministro Roberto Barroso conforme explicação constante na nota

---

[73] SILVA, Virgílio Afonso da. *O proporcional e o razoável* in Revista dos Tribunais (RT) 798/24, ano 91, abr. 2002, pp. 27-31.

[74] CASTRO, Carlos Roberto de Siqueira. *O devido processo legal e a razoabilidade das leis na nova Constituição do Brasil*, Rio de Janeiro, Forense, 1989; e DI PIETRO, Maria Sylvia Zanella. *Discricionariedade Administrativa na Constituição de 1988*, São Paulo, Atlas, 2001, p. 201.

[75] Embora o Ministro Roberto Barroso identifique a origem da razoabilidade na jurisprudência norte-americana, onde teria surgido como um mecanismo puramente procedimental, como decorrência do devido processo legal, evoluindo num segundo momento para uma forma do Poder Judiciário norte-americano controlar a discricionariedade do legislador ou dos ato estatais, diferindo nesse ponto de Virgílio Afonso da Silva, o Ministro Barroso também enxerga na razoabilidade uma exigência de compatibilidade entre o meio empregado e o fim visado, bem como da legitimidade do fim. Em vista disso, Barroso divide a razoabilidade de duas formas: razoabilidade interna – compatibilidade entre meio e fim; e razoabilidade externa – legitimidade dos fins. Nesse ponto ele se aproxima bastante da posição aqui utilizada de que a razoabilidade é similar ao critério de adequação existente no princípio da proporcionalidade. Cf. BARROSO, Luís Roberto. *Os princípios da razoabilidade e da proporcionalidade no direito constitucional* in Revista dos Tribunais – Cadernos de Direito Constitucional e Ciência Política n. 23, 1998, p. 66.

de rodapé acima, a razoabilidade corresponde apenas à primeira das três subdivisões que compõem o princípio da proporcionalidade, i.e., ao critério da adequação[76].

Seguindo esse raciocínio, a razoabilidade se revela justamente na compatibilidade entre o meio empregado e o fim almejado, assim como na legitimidade desse fim. Portanto, a razoabilidade estaria incorporada na proporcionalidade na forma como a jurisprudência alemã a desenvolveu, sendo a proporcionalidade mais ampla que a razoabilidade, sem que isso implique qualquer conflito entre elas.

O resultado prático dessa linha de pensamento é que uma vez verificada a adequação de um determinado meio ou ato estatal frente à finalidade pretendida estaremos diante de um meio ou ato razoável, mas não necessariamente proporcional, já que ainda é preciso submeter esse meio ou ato estatal aos outros dois testes (necessidade e proporcionalidade em sentido estrito) para se constatar a sua proporcionalidade.

Portanto, em tese, seria possível que um determinado ato praticado pelas autoridades fiscais seja considerado razoável, mas desproporcional, o que tampouco seria suficiente para reconhecer a sua validade, a qual somente poderia ocorrer se o ato for considerado tanto razoável como proporcional.

---

[76] Embora concorde que o princípio da razoabilidade não se confunde com a proporcionalidade, Humberto Ávila discorda dessa posição e entende que a razoabilidade deve ser enxergada sob três acepções: (i) razoabilidade como equidade, que exige a relação das normas gerais com as individualidades do caso concreto, quer mostrando sob qual perspectiva a norma deve ser aplicada, quer indicando em quais hipóteses o caso individual, em virtude de sua especificidades deixa de se enquadrar na norma geral; (ii) razoabilidade como congruência, a qual exige uma vinculação das normas jurídicas com o mundo ao qual elas fazem referência, seja reclamando a existência de um suporte empírico e adequado a qualquer ato jurídico, seja demandando uma relação congruente entre a medida adotada e o fim que ela pretende atingir; e (iii) razoabilidade como equivalência, que exige a relação de equivalência entre duas grandezas. Cf. ÁVILA, Humberto. op. cit, p. 95. Apesar da sua discordância com a posição adotada nesta obra, cabe observar que especificamente a acepção da razoabilidade como congruência explicada por Humberto Ávila tem uma aplicação prática bastante próxima da ideia de razoabilidade utilizada nesta obra, segundo a qual esse princípio corresponderia ao critério de adequação entre meio e fim.

4.3. O refinamento das premissas desenvolvidas pelo STF a partir do referencial teórico acerca da razoabilidade e da proporcionalidade

Uma vez tendo sido desenvolvido o referencial teórico acerca dos princípios da razoabilidade e proporcionalidade, o passo seguinte é justamente utilizarmos esse referencial para refinarmos as premissas extraídas da jurisprudência do STF expostas anteriormente, de tal sorte que seja possível fazer uma avaliação acerca da forma como o STF tem utilizado esses dois princípios e apontar um modo de aperfeiçoar a jurisprudência da corte.

Nesse tocante, nas decisões pesquisadas observamos que o STF fez uso indistinto desses dois princípios. Embora os nomeie como se fossem diferentes, a forma como o tribunal os citou nas decisões pesquisadas demonstra que a corte os utilizou como se fossem uma coisa só, já que é comum que ora os invoque conjuntamente para fundamentar suas decisões e ora invoque apenas um deles para justificar a mesma posição jurídica, segundo a qual a multa fiscal desarrazoada ou desproporcional deve ser considerada confiscatória e inconstitucional.

Essa mesma percepção acerca da forma como o STF faz uso da proporcionalidade e da razoabilidade também já foi mencionada por outros autores, segundo os quais *a jurisprudência brasileira, inclusive do STF, vem utilizando com frequência a regra da proporcionalidade em casos relativos a matéria tributária. Em regra, as decisões tendem a tratar a proporcionalidade e a razoabilidade como sinônimos ou direcionados ao mesmo resultado lógico*[77].

Essa circunstância acerca da jurisprudência do STF revela que o tribunal tem feito uso nas decisões pesquisadas de uma espécie de silogismo para permitir o afastamento ou a manutenção das multas fiscais levadas à sua análise. O silogismo em questão corresponde ao seguinte raciocínio: **(1)** a proporcionalidade e a razoabilidade estão consagrados na CF/88; **(2)** a multa questionada tem um valor exagerado (superior a 100% do valor do tributo cobrado ou ao qual o ato ilícito se refira) e, por isso, não respeita esses dois princípios; **(3)** conclusão: a multa fiscal é inconstitucional, pois

---

[77] WACHELESKI, Marcelo Paulo; MEDEIROS, Clayton Gomes de; FLORES, Pedro Henrique Brunken. *A proporcionalidade e o princípio da vedação do confisco: limites constitucionais ao poder punitivo estatal em matéria tributária* in Revista Tributária de Finanças Públicas (RTrib), vol. 122, ano 23, Editora RT, São Paulo, maio-jun. 2015, pp. 69-83.

viola a proporcionalidade, a razoabilidade e, por consequência, a regra que proíbe o confisco.

Embora esse silogismo faça sentido lógico, sob a perspectiva jurídica ele está incompleto e, por isso, pode se mostrar frágil a um exame mais apurado. Essa fragilidade decorre especificamente do fato da corte não ter estruturado de maneira mais transparente e consistente a relação silogística que explica e leva ao raciocínio de que a multa fiscal superior a 100% do valor do tributo-referência seria desproporcional e desarrazoada.

A nosso ver, essa incompletude poderia ser corrigida e a jurisprudência do STF aperfeiçoada se o tribunal passar a diferenciar de forma clara os princípios da razoabilidade e proporcionalidade, e, sobretudo, se valer da doutrina especializada para sistematizar e dar transparência aos critérios que devem ser observados na verificação da proporcionalidade e da razoabilidade em cada caso concreto.

Cabe observar sobre esse ponto que, ainda que de modo não sistematizado e tecnicamente impreciso, o tribunal se valeu em algumas das suas decisões de alguns raciocínios que têm bastante proximidade com parte dos critérios desenvolvidos pela doutrina para a verificação da proporcionalidade.

A quinta premissa identificada na jurisprudência do STF no sentido de que deve se compatibilizar a multa cobrada com a finalidade ou função por ela pretendida está contida justamente no critério de adequação entre meio e fins que forma a proporcionalidade.

O que não foi bem explorado na jurisprudência do STF, porém, é qual seria a real finalidade da multa devida por descumprimento de dever instrumental, havendo uma breve menção à ideia de prevenção e repressão ao ato ilícito praticado, o que, como veremos melhor no próximo capítulo, corresponde apenas à uma das finalidades desse tipo de sanção, mas não a única.

Já a quarta premissa, que exige uma relação de proporcionalidade entre a gravidade do ato ilícito praticado pelo contribuinte e a sua consequência jurídica (a multa) pode ser entendida, ainda que de forma reflexa, como uma decorrência da aplicação do critério da necessidade ao caso concreto das multas fiscais.

Note-se que nessa hipótese o STF está exigindo que o grau de restrição ao direito de propriedade do contribuinte (valor da multa) seja feito numa intensidade que tenha congruência com o nível de gravidade causado pelo ato ilícito praticado (neste caso de acordo com o nível de prejuízo ao erário público), o que corresponde ao resultado prático de se adotar o meio (multa) menos restritivo ao direito afetado, que é justamente a ideia perseguida pela necessidade.

Além disso, em complemento ao que já foi exposto anteriormente, avaliamos que a jurisprudência do STF irá se beneficiar se passar a fazer uma diferenciação conceitual entre a razoabilidade e a proporcionalidade, o que permitirá à corte sistematizar os critérios que compõem a proporcionalidade de forma mais consistente e, consequentemente, fazer um uso mais racional e juridicamente claro desses dois princípios nas suas decisões. Lembrando que quanto mais claras e juridicamente consistentes forem os fundamentos das decisões, maior é a sua capacidade de influência sobre os demais tribunais e até sobre o comportamento dos próprios agentes estatais.

Portanto, se o STF corrigir a apontada incompletude estrutural estará dando um passo adiante no desenvolvimento da sua própria jurisprudência, complementando e melhorando onde é necessário as posições que já desenvolveu ao longo desses últimos cinquenta anos, uma vez que nesse caso os princípios da razoabilidade e proporcionalidade deixariam de ser utilizados nas decisões somente com caráter retórico e argumentativo, e passariam a sê-lo de forma estruturada e sistematizada, como ocorre no tribunal constitucional alemão, conforme vimos anteriormente.

A jurisprudência do STF certamente se enriqueceria a partir desse momento e a própria aplicação dos princípios da razoabilidade e proporcionalidade, em matéria tributária ou não, poderia se tornar mais frequente pelos demais tribunais.

A concretização desse objetivo pode acontecer se na decisão referente ao tema 487 da lista de repercussões a corte se posicionar acerca da diferença entre razoabilidade e proporcionalidade, de tal sorte que eles deixem de ser utilizados na jurisprudência do Supremo de modo errático ou como se fossem sinônimos, assim como identificar e utilizar os critérios desenvolvidos pela doutrina na verificação da proporcionalidade, bem como explicá-los de um modo útil para a prática jurídica.

Transpondo esse raciocínio para a realidade das multas fiscais e considerando a jurisprudência histórica do STF, para que esse tipo de multa possa ser considerada válida, ela deve passar em todos os três testes que compõem o princípio da proporcionalidade explicado ao longo desse último capítulo. Se assim o fizer, a multa poderá ser considerada tanto razoável como proporcional e, por conseguinte, não confiscatória.

Por outro lado, se a multa fiscal aplicada no caso concreto não passar pelo teste da adequação entre meio e fim, estaremos diante de uma multa desarrazoada e desproporcional, assim como confiscatória, devendo ser afastada.

Se, apesar de passar no teste de adequação, for reprovada nos testes de necessidade ou proporcionalidade em sentido estrito, a multa pode ser considerada juridicamente razoável, mas desproporcional, e, da mesma forma, representaria uma multa confiscatória, na linha da jurisprudência do supremo anteriormente exposta, devendo ser igualmente afastada.

Finalizados os esclarecimentos acerca das premissas desenvolvidas pela jurisprudência histórica do STF e seu refinamento a partir do referencial teórico sobre os critérios a serem utilizados na verificação da razoabilidade e proporcionalidade, passaremos à etapa seguinte: aplicar tais critérios e premissas à multa devida por descumprimento de dever instrumental, de modo que seja possível avaliar em quais circunstâncias essas multas se tornariam desproporcionais e desarrazoadas e, partir dessa constatação, finalizar a construção da resposta à questão controversa objeto do tema 487.

5.
A aplicação das premissas desenvolvidas pelo STF e refinadas por meio do estudo da razoabilidade e proporcionalidade às multas devidas pelo descumprimento de dever instrumental

5.1. A identificação da finalidade da sanção por descumprimento de dever instrumental como parte do exame da proporcionalidade e a sua vinculação à finalidade do próprio dever instrumental tributário

Nos capítulos precedentes foram identificadas e expostas as premissas desenvolvidas pela jurisprudência do STF ao longo de cinquenta anos em torno da limitação das multas fiscais, assim como expostos de forma juridicamente consistente os requisitos para se identificar nos casos concretos a proporcionalidade e a razoabilidade dessas multas.

Nesse sentido, vimos que para o STF é perfeitamente possível que os juízes e tribunais reduzam ou cancelem as multas cobradas pelas autoridades fiscais (sejam elas devidas por descumprimento da obrigação principal ou do dever instrumental), ainda que essa aplicação tenha por base a legislação em vigor, sem que isso implique na violação ao princípio da legalidade.

A redução ou cancelamento da multa fiscal pelo Poder Judiciário será possível sempre que ela se mostre confiscatória e, por consequência, viole o artigo 150, inciso IV, da CF/88. A confiscatoriedade da multa fiscal, por sua vez, é revelada pelo exame da sua proporcionalidade e razoabilidade, o que nos levou ao estudo aprofundado dos elementos apontados pela doutrina para a análise desses dois princípios, os quais não estão bem delineados nas decisões do STF.

Vimos, outrossim, que a proporcionalidade pode ser verificada por meio de três sub-regras a serem aplicadas numa ordem pré-definida: adequação entre o meio e o fim almejado, a necessidade desse meio frente às demais alternativas adequadas existentes (se houver) e a proporcionalidade em sentido estrito, que visa a realização de um juízo de ponderação entre as vantagens e desvantagens da adoção daquele meio.

Restou demonstrado, ainda, que duas das premissas extraídas da jurisprudência do STF (quarta e quinta premissas) podem ser consideradas como consequência, respectivamente, das sub-regras da adequação e necessidade que formam a proporcionalidade, de tal sorte que a análise dessas premissas está contida na própria verificação em cada caso concreto do princípio da proporcionalidade.

Ademais, considerando a posição doutrinária adotada, também foi possível constatar que a razoabilidade da multa fiscal depende do exame da sub-regra de adequação entre meio e fim, de modo que a razoabilidade está contida no princípio da proporcionalidade, sendo um dos seus aspectos.

Finalmente, também vimos que o STF estabeleceu um limite objetivo acima do qual a multa fiscal se torna desproporcional, desarrazoada e, consequentemente, confiscatória, qual seja: o montante equivalente a 100% do valor da obrigação tributária principal que se deixou de recolher ou à qual se refira o ato ilícito que originou a multa fiscal.

Diante desse quadro, é possível afirmar que, a partir da análise crítica da jurisprudência histórica do STF e da doutrina especializada, foram identificadas e sistematizadas as ferramentas que permitem verificar e constatar, seja diretamente no caso concreto ou por hipótese, quando a cobrança de uma determinada multa fiscal se revela inconstitucional, ocasião em que deverá ser afastada ou, no mínimo, reduzida pelo juiz ou tribunal.

A etapa seguinte, portanto, é fazer uso dessas ferramentas para encontrar uma resposta objetiva para a questão controversa tratada no tema 487 da lista de repercussões gerais do STF.

Para chegar nessa resposta, entendemos que a perspectiva mais adequada a ser adotada é aquela que tem por objetivo enxergar a partir de qual momento uma multa devida por descumprimento de dever instrumental se torna desproporcional e, por conseguinte, também se torna desarrazoada e confiscatória.

Uma vez identificadas as condições que tornam uma multa pecuniária devida por descumprimento de dever instrumental desproporcional será possível dizer se é permitida a cobrança desse tipo de multa mesmo nos casos que não resultaram falta de recolhimento de tributo e, caso seja permitida, se existe um limite de valor para essa multa.

Revelados com clareza os contornos dos limites para a cobrança dessa modalidade de multa, ficará mais simples para os juízes e tribunais, aí incluído o STF, decidir se e quando tal multa deve ser cancelada/reduzida ou quando a sua cobrança pode ter seguimento na forma em que foi aplicada pelas autoridades fiscais.

Dito isso, passaremos à verificação das sub-regras que compõem a proporcionalidade dentro do tema tratado no tema 487. Neste subcapítulo nos dedicaremos apenas à identificação dos três elementos que são exigidos para o exame da sub-regra da adequação (meio, direito afetado e fim almejado) no caso das multas devidas pelo descumprimento dos deveres instrumentais, especialmente a finalidade dessas multas.

A esse respeito, como explicamos anteriormente, o exame da adequação exige a individualização do meio a ser implementado, assim como a identificação do direito afetado ou restringido por esse meio, além do fim por ele almejado, inclusive a análise da legitimidade desse fim do ponto de vista constitucional. Passemos a essa individualização, identificação e análise, então.

Sendo o ato estatal sob análise no caso objeto do tema 487 a aplicação de multa pecuniária devida pelo descumprimento de dever instrumental, independentemente desse descumprimento não ter implicado na falta de recolhimento de tributo, é de clareza meridiana que o meio do qual estamos tratando é justamente a cobrança de multa pecuniária e que o principal direito fundamental afetado por esse meio, sob o ponto de vista do contribuinte, é o seu direito de propriedade previsto no artigo 5, inciso XXII, da CF/88.

De forma reflexa, outro direito fundamental que também pode ser afetado é o do livre exercício da atividade econômica estabelecido no artigo 170, parágrafo único, da CF/88, na medida em que os recursos destinados ao pagamento da multa fiscal deixariam de ser aplicados, em tese, na atividade desenvolvida pelo contribuinte. Se o valor absoluto da multa for alto, como o é no caso concreto analisado (cerca de R$ 165 milhões), a drenagem de recursos do contribuinte em favor do tesouro federal, estadual ou municipal pode ter implicações relevantes para o desenvolvimento do negócio. Embora a multa possa não inviabilizar o desenvolvimento da atividade econômica, no mínimo a prejudica.

Se encontrar o meio e os direitos afetados por esse meio é uma tarefa relativamente fácil nesse caso, identificar a efetiva finalidade buscada com a cobrança da multa por descumprimento de dever instrumental, por outro lado, constitui uma tarefa mais complicada, que passa pelo exame da natureza jurídica, função e causa desse tipo de multa, além da doutrina que trata sobre a estrutura da norma sancionante.

O início dessa tarefa passa por explicar a natureza jurídica da multa por descumprimento de dever instrumental (sanção pecuniária). A lição clássica ensinada desde os bancos da faculdade, e tendo por base o artigo 3 do Código Tributário Nacional, nos mostra que embora tanto a sanção (pecuniária e cobrada pelo não cumprimento de um dever instrumental) como o tributo sejam compulsórios e implicam na obrigação do contribuinte realizar um pagamento a favor do fisco e na entrada de recursos ao tesouro público, o que denota um relacionamento por vezes íntimo entre essas duas figuras, elas têm uma diferença marcante, que é a situação da vida eleita pelo legislador para dar causa a cada uma delas.

Enquanto o tributo tem por hipótese de incidência um fato lícito, e da mesma forma o dever instrumental, a sanção tem por hipótese de incidência um fato ilícito. A ilicitude, portanto, é o elemento principal para traçar o perfil da sanção pecuniária, o que nos leva à definição jurídica de multa fiscal: *toda prestação pecuniária compulsória, instituída em lei, em prol do Estado ou de pessoa sua, que seja sanção de ato ilícito em matéria fiscal, assim entendido o descumprimento da obrigação tributária principal ou acessória*[78].

Tendo a multa fiscal como pressuposto a prática de um ato ilícito (descumprimento da obrigação principal ou dever instrumental) surgiu uma controvérsia na doutrina acerca da classificação da sua natureza jurídica, i.e., se ela teria natureza administrativa (ou civil), tributária ou penal,

---

[78] NAVARRO COELHO, Sacha Calmon. *Sanções Tributárias* in Artigos selecionados em homenagem aos 40 anos do Centro de Extensão Universitária, Ives Gandra Martins (organizador), São Paulo, Editora Revista dos Tribunais – Instituto Internacional de Ciências Sociais, Coleção Direito Tributário, Volume 1, 2012, p. 340.

particularmente em relação às penalidades pecuniárias impostas pela Administração Fiscal, como é o caso das multas devidas por descumprimento de dever instrumental, já que não há dúvida sobre a natureza penal das sanções aplicáveis nos crimes contra a ordem tributária.

Segundo explica Ricardo Lobo Torres[79], na primeira corrente (administrativa ou civil) se busca atribuir às penalidades impostas pela administração fiscal a característica de reparação ou de indenização, de modo que teriam função ressarcitória e não o propósito de garantir a ordem jurídica, além de outras características próprias da sua natureza civil, tais como: não se convertem em pena privativa de liberdade, sua aplicação prescinde da culpabilidade do agente, não é individualizada e independe da personalidade do agente, transmitindo-se *causa mortis* ou *inter vivos*.

Essa corrente teria inspiração na legislação italiana e chegou a influenciar o Código Tributário Nacional no artigo 113, parágrafo 3, mas sua consequência inevitável seria confundir a penalidade pecuniária com o tributo.

A segunda corrente defendida por alguns juristas[80] parte da ideia de que esse tipo de sanção pertenceria sempre ao Direito Tributário, pois não visa à preservação da ordem, mas sim coagir o contribuinte a trazer a sua participação para que as necessidades públicas sejam satisfeitas, fazendo com que possua um regime jurídico próprio e mais próximo ao Direito Tributário, sujeitando-se aos mesmos princípios que limitam o poder de tributar, bem como à algumas normais gerais de repressão oriundas do Direito Penal.

A corrente que tem prevalecido na doutrina, porém, é a terceira que defende a natureza penal das multas fiscais, mesmo daquelas aplicadas pela autoridade administrativa contra o descumprimento da obrigação principal ou dever instrumental. Ricardo Lobo Torres[81], que é um adepto

---

[79] TORRES, Ricardo Lobo. *Curso de Direito Financeiro e Tributário*, 17 ed., Rio de Janeiro, Editora Renovar, 2010, pp. 336-339.

[80] Entre aqueles que defendem a natureza tributária da sanção administrativa devida pelo descumprimento da obrigação principal ou dever instrumental citamos os seguintes: MARTINS, Ives Gandra da Silva. *Da Sanção Tributária*, São Paulo, Ed. Saraiva, 1980, p. 14; e COIMBRA SILVA, Paulo Roberto. Sanção tributária – natureza juridical e funções in Revista Fórum de Direito Tributário, v. 3, n. 17, set./out. 2005.

[81] Essa corrente também é adotada por Sacha Calmon Navarro Coelho. Cf. NAVARRO COELHO, Sacha Calmon. *Sanções Tributárias* in Artigos selecionados em homenagem aos 40 anos do Centro de Extensão Universitária, Ives Gandra Martins (organizador), São Paulo, Editora Revista dos

dessa corrente, explica que *a tese da natureza penal das sanções tributárias é a única que pode manter separados e distintos os conceitos de tributo e multa, já que nesse caso o contato entre ambos seria apenas superficial, relacionado com o processo de imposição ou com as garantias para a cobrança.*

Uma das principais consequências de se admitir a natureza penal das multas fiscais é o reconhecimento da sua característica punitiva ou intimidativa, o que significa que ela destina-se a garantir a inteireza da ordem jurídica, não havendo que se falar em característica indenizatória ou em reparação de dano.

Outra consequência é que passam a ser aplicadas às multas fiscais os princípios relevantes do Direito Penal, como o da antijuridicidade, estrita legalidade, tipicidade, proibição de analogia e irretroatividade (salvo da lei benigna).

Apesar da divergência doutrinária apontada acima, a jurisprudência do Supremo Tribunal Federal alinha-se com a posição de que a multa fiscal teria natureza penal, razão pela qual, para fins deste estudo, também adotaremos essa linha de pensamento.

Nesse sentido, o STF modificou há vários anos o entendimento que estava contido nas Súmulas 191[82] e 192[83] que prescreviam, respectivamente, a exigibilidade das multas moratórias e a exclusão das multas punitivas quando a Fazenda Pública atacava a massa falida. A alteração de entendimento ficou clara na Súmula 565 do STF[84].

As referidas súmulas estavam construídas na suposição de uma pretensa natureza indenizatória das multas de mora, mas com o advento do Código Tributário Nacional essa tese não se manteve, restando claro nas decisões da corte que toda multa fiscal é punitiva.[85]

Tribunais – Instituto Internacional de Ciências Sociais, Coleção Direito Tributário, Volume 1, 2012, p. 315-347.

[82] Súmula 191: *Inclui-se no crédito habilitado em falência a multa fiscal simplesmente moratória.*

[83] Súmula 192: *Não se inclui no crédito habilitado em falência a multa fiscal com efeito de pena administrativa.*

[84] Súmula 565: *A multa fiscal moratória constitui pena administrativa, não se incluindo no crédito habilitado em falência..*

[85] A posição do STF de que as multas fiscais são sempre punitivas fica evidente no voto do ministro Cordeiro Guerra proferido em 14.8.1975 no RE 79.625/SP, sendo reforçada ainda nos seguintes REs: 80.093, 80.123, 80.134, 80.147 e 80.185.

A importância de se definir a natureza jurídica da multa fiscal reside no fato de que essa natureza contribui na definição do que seriam as funções desse tipo de multa, daí porque tratamos do assunto.

Assumindo que a multa fiscal tem natureza penal, assim como o fez o STF na sua jurisprudência, é possível enxergar três funções para essa multa[86]: **(i)** função punitiva, **(ii)** função preventiva e **(iii)** função didática.

A função punitiva representa o caráter repressivo da multa fiscal, que busca reprimir o ato ilícito praticado. A função preventiva, por sua vez, atua como desestimulante da prática do ato ilícito, na medida em que gera reflexos intimidatórios na consciência dos destinatários da regra fiscal sobre as potenciais consequências do seu descumprimento. Por último, também existe a função didática, na medida em que a mera previsão em abstrato de reprovação ao ato ilícito contribui para a educação do contribuinte e para que ele corrija espontaneamente eventuais desvios.

Transpondo essas funções para as multas devidas pelo descumprimento do dever instrumental é possível identificar a primeira das duas finalidades desse tipo de multa, a qual chamaremos de finalidade imediata, pois corresponde ao efeito jurídico imediato que a multa fiscal em questão produz, qual seja: **coibir e prevenir o descumprimento do dever instrumental.** Vale ressaltar que não enxergamos qualquer tipo de ilegitimidade constitucional na finalidade imediata, como exige o teste de adequação.

É comum que tanto os contribuintes como as autoridades fiscais incorram na confusão de achar que a **finalidade imediata** da multa devida pelo descumprimento de dever instrumental seria o único fim desse tipo de multa, quando, como veremos em seguida, é apenas o mais evidente.

Para encontrarmos a segunda finalidade da multa devida por descumprimento de dever instrumental o faremos por intermédio de outro raciocínio que decorre de duas características essenciais desse tipo multa: **(i)** a sanção, seja qual for, visa conferir eficácia ao bem tutelado na norma jurídica impositiva, a qual necessariamente está subordinada[87]; e **(ii)** a multa fiscal não se

---

[86] Sobre uma explicação das funções da sanção tributária vide COIMBRA SILVA, Paulo Roberto. Sanção tributária – natureza juridical e funções in Revista Fórum de Direito Tributário, v. 3, n. 17, set./out. 2005.

[87] Para Norberto Bobbio, a finalidade da sanção jurídica é justamente reforçar a eficácia do valor pretendido pelo ordenamento jurídico. Cf. BOBBIO, Norberto. *Teoria General del Derecho*, Colômbia, Santa Fé de Bogotá, Themis, 1992, p. 104.

coaduna com a função de contribuir para a sustentação da atividade estatal, não podendo servir de instrumento de arrecadação, nem mesmo disfarçado.

Essa segunda finalidade denominaremos de **finalidade mediata**, pois a sua relação com a sanção em questão se faz por intermédio desse segundo raciocínio, o qual não se revela com tanta facilidade como o raciocínio que levou à conclusão do que seria a finalidade imediata.

Para explicar melhor a primeira característica apontada acima, segundo a qual a sanção tem por escopo conferir eficácia a uma norma jurídica impositiva, faremos uso das ideias escritas por Sacha Calmon Navarro Coelho acerca das normas sancionantes e de uma breve explicação do trabalho de dois grandes juristas sobre a estrutura da norma e como o fenômeno do ilícito se encaixa nessa estrutura: o austríaco Hans Kelsen e o argentino Carlos Cóssio[88].

A escolha desses dois juristas se deu, sobretudo, em razão de terem estudado o assunto com maior profundidade e serem referências acadêmicas no tema, além de ajudarem a explicar a visão pretendida pelo autor.

Segundo a tradição kelsiniana difundida no Brasil sobre a estrutura da norma jurídica, ela se dividiria em dois tipos básicos: normas impositivas e normas sancionantes. As primeiras correspondem aos comandos lícitos que impõem direitos, deveres, ações ou omissões. As normas sancionantes, por outro lado, tratam de hipóteses de incidência que representam fatos ilícitos e apontam as consequências decorrentes desses fatos ilícitos (sanção).

Para ilustrar a diferença entre um e outro elaboramos o seguinte exemplo:

Norma impositiva

Hipótese de incidência: a pessoa jurídica que praticar operação envolvendo a circulação de mercadorias deve emitir nota fiscal para registrar essa operação, destacando o imposto (ICMS) a ser pago.

---

[88] As ideias aqui expostas acerca do trabalho desses dois estudiosos foram extraídas das seguintes obras e constituem uma apertada síntese das suas teorias: KELSEN, Hans. *Teoria Pura do direito*, São Paulo, Martins Fontes, 2006; e COSSIO, Carlos. *La teoria egologica del derecho y el concepto jurídico de libertad*, 2 ed., Buenos Aires, Abeledo-Perrot, 1964. Também fizemos uso das ideias e dos comentários feitos por Sacha Calmon Navarro Coelho sobre as normas sancionantes em NAVARRO COELHO, Sacha Calmon. *Sanções Tributárias* in Artigos selecionados em homenagem aos 40 anos do Centro de Extensão Universitária, Ives Gandra Martins (organizador), São Paulo, Editora Revista dos Tribunais – Instituto Internacional de Ciências Sociais, Coleção Direito Tributário, Volume 1, 2012, p. 315-347.

Consequência: Emitir nota fiscal com os dados da operação (destinatário, descrição da mercadoria, valor da operação, data, valor do imposto e código fiscal da transação).

Norma sancionante
Hipótese de incidência: não ter emitido a nota fiscal
Consequência: pagar multa de X valor.

Analisando-se os dois tipos normativos, verifica-se que um prescreve um dever a cargo do contribuinte e, simultaneamente, confere um direito ao ente tributante, enquanto o outro estabelece uma punição ao infrator. A primeira norma é impositiva justamente porque acarreta ao seu destinatário um dever, já a segunda é sancionante por prever a aplicação de uma sanção, como decorre da mera leitura do exemplo acima.

Para Kelsen as normas sancionantes é que consubstanciavam, verdadeiramente, o direito e, por isso, as chamava de primárias, enquanto as normas impositivas seriam as secundárias, haja vista que o seu critério baseava-se na importância da norma dentro do sistema. O ponto relevante a ser notado, porém, se refere ao fato de que isso significava que essas normas não eram propriamente autônomas, mas estavam essencialmente ligadas entre si, pois integram uma unidade lógica.

Um dos aspectos relevantes do trabalho de Kelsen foi a valorização do ilícito dentro do sistema jurídico e a atribuição de papel central à sanção, como meio de realização jurídica das condutas, pois através dela se chegava até o comportamento almejado pela ordem jurídica. Antes dele, o ato ilícito sequer estava dentro do direito, correspondendo à própria negação da justiça.

Como alternativa a esse excesso de importância dada por Kelsen ao ilícito dentro do sistema jurídico, o argentino Carlos Cóssio desenvolveu a teoria egológica do direito. Embora menos difundida no Brasil que a teoria de Kelsen, ainda assim se mostra importante em diversos aspectos.

Para o que nos interessa, Cóssio parte da ideia de que o direito positivado não seria um rol de sugestões, mas tampouco um elenco de sanções, pura e simplesmente, como decorreria do trabalho de Kelsen, correspondendo isso sim a um modelo de comportamento desejável que poderia ser ou não obedecido.

Assim, valorizando a função da liberdade humana, Cóssio reabilitou o cumprimento normal da prestação jurídica e colocou o dever (norma impositiva) como norma principal do sistema (ao contrário de Kelsen, que via na sanção a norma principal).

Para ele o cumprimento da norma jurídica se desdobraria em dois momentos lógicos: dada a hipótese (H), deve ser a prestação (P), e dada a não-prestação (ÑP) deve ser a sanção (S). Desse modo, a hipótese (H) e a não-prestação (ÑP) constituem pressupostos de fato que condicionam alternativamente as possibilidades jurídicas de acordo com a liberdade de agir do homem: a prestação (P) ou a sanção (S).

Cóssio chama de endonorma o momento H-P (hipótese seguida de prestação – denominado de norma impositiva por Kelsen) e perinorma o momento ÑP-S (não prestação seguida de sanção – denominado de norma sancionante por Kelsen). Em síntese, o destinatário da norma jurídica pode escolher cumprir a prestação espontaneamente (que é a normalidade jurídica) ou submeter-se à sanção.

De qualquer forma, da mesma maneira que na teoria de Kelsen, é possível perceber em Cóssio, também, a existência de uma estreita relação entre a hipótese (H) e a sanção decorrente da não prestação (ÑP). Ou melhor, não se consegue conceber a sanção sem que haja obrigatoriamente uma hipótese.

Portanto, ainda que distintas, o que essas duas linhas de pensamento acerca da estrutura da norma nos ajudam a revelar é que, partindo-se do pressuposto de que a infração é a transgressão de um preexistente dever legal (conteúdo da norma impositiva ou endonorma), a caracterização da infração está necessariamente vinculada à natureza do dever ao qual ela se refira, uma vez que sem o dever a própria existência da sanção deixa de fazer sentido jurídico, daí porque dizer que a sanção, seja qual for, tem por objetivo conferir eficácia a um dever legal e, consequentemente, ao bem jurídico tutelado por esse dever.

Dito de maneira mais simples, se uma norma prevê para o descumprimento de uma prestação uma específica sanção é porque a ordem jurídica deseja que a prestação deva ser cumprida. O raciocínio inverso também é válido: se em razão da ordem jurídica deixar de fazer sentido o cumprimento daquela prestação, também deixará de fazer sentido exigir a sanção. A causa de existir da sanção encontra fundamento na norma impositiva. Sem uma não há razão para a outra (sanção) existir.

Esse grau de vinculação existente entre a norma impositiva e a infração e respectiva sanção está refletido, inclusive, nas próprias denominações adotadas na prática jurídica. Quando nos referimos a uma multa devida pela não prestação do dever de recolher o tributo, a chamamos de multa devida pelo descumprimento da obrigação principal. Da mesma forma, a multa cobrada pela não observância do dever instrumental, a qual chamamos de multa devida pelo descumprimento do dever instrumental por ter estrita ligação com esse dever.

Essa assertiva encontra respaldo em Rubens Gomes de Souza, para quem a característica conceitual da infração tributária (e da sua consequente sanção) residia na circunstância de estar em conexão com a obrigação tributária, principal ou acessória[89].

Trazendo esse raciocínio para a realidade do assunto tratado nesta obra, podemos concluir que a multa fiscal não tem um fim em si mesma, mas se presta, na verdade, a dar eficácia ao cumprimento do dever instrumental, encontrando o seu sentido de existir na mesma razão que justificou a criação do dever instrumental[90].

Dar eficácia ao dever instrumental, por sua vez, significa contribuir para a realização da sua finalidade.

Por isso, a multa devida pelo descumprimento da obrigação tributária acessória deve pretender, em última instância, assegurar o cumprimento da obrigação principal (recolhimento do tributo) ou assegurar que sejam propiciados os meios a Administração Tributária para fiscalizar e controlar as ações dos contribuintes que tenham direta relação com esse recolhimento, conforme se extrai do comando previsto no artigo 113, parágrafo 2, do Código Tributário Nacional.

---

[89] GOMES DE SOUZA, Rubens. *Compêndio de legislação tributária*, Rio de Janeiro, Edições Financeiras, 1964, p. 105.

[90] Corroborando, de certo modo, o argumento de que a multa fiscal em questão não pode ser um fim em si mesma e tampouco é a lei que a criou causa suficiente por si só para legitimar sua exigência, encontrando razão de ser e legitimidade na própria razão que criou o dever instrumental ao qual pretende dar eficácia, o alemão Klaus Tipke diz sobre o ideário de justiça fiscal que "*o Estado não pode esgotar-se em sua concepção formal. Não pode promulgar leis de conteúdo qualquer e arbitrário. Suas leis, quando não se tratar de meras técnicas de conveniência, devem ser materialmente justas. Isso vale, não por último, para leis tributárias.*" Cf. TIPKE, Klaus; YAMASHITA, Douglas. Justiça Fiscal e Princípio da Capacidade Contributiva. São Paulo, Malheiros, 2002, p. 16.

Dito de outra forma, a segunda finalidade da multa devida pelo descumprimento de dever instrumental se confunde com a própria finalidade do dever instrumental ao qual visa dar eficácia e que fundamentou sua criação. Ou seja, a finalidade mediata da multa devida pelo descumprimento do dever instrumental é igual ao fim almejado por esse dever.

Para reforçar essa conclusão, basta observarmos que se a multa fiscal em comento se desvincular da finalidade do dever instrumental que justificou sua criação, essa multa se tornará inócua relativamente ao objetivo buscado pelo dever instrumental e, nessa hipótese, servirá apenas para gerar recursos para o tesouro público decorrentes do seu pagamento, ou seja, sua finalidade passaria a consistir tão somente na geração de receita pública, não tendo qualquer efeito relevante sobre o bem tutelado pelo dever instrumental.

Ocorre que, como já tivemos a oportunidade de ver anteriormente, a sanção tributária não pode ter propósito arrecadatório, convertendo-se num instrumento de arrecadação disfarçado, pois essa função é destinada ao tributo.

A despeito do artigo 113, parágrafo 3, do CTN dizer que *a obrigação acessória, pelo simples fato de sua inobservância, converte-se em obrigação principal relativamente à penalidade pecuniária,* a doutrina[91] é relativamente pacífica no sentido de que o inadimplemento do dever instrumental não atribui à sanção a mesma natureza jurídica da obrigação tributária principal, o que poderia levar ao equívoco de considerar que a sanção devida por descumprimento de dever instrumental poderia ter uma finalidade arrecadatória.

Essa mesma doutrina aponta para uma impropriedade terminológica do CTN que pode ser facilmente superada pelo intérprete, pois o referido comando apenas significa que a multa será cobrada com os mesmos mecanismos e privilégios do crédito tributário, uma vez que as obrigações acessórias persistem sendo obrigações dessa mesma espécie mesmo quando descumpridas, i.e., continuam sendo obrigações decorrentes de atos ilícitos. Portanto, esse artigo, tampouco, autoriza o uso da multa por descumprimento de dever instrumental como mecanismo de arrecadação indireto.

---

[91] Nesse sentido mencionamos José Souto Maior Borges, Paulo de Barros Carvalho, Hugo de Brito Machado e Sacha Calmon Navarro Coelho, os quais corroboram nas suas respectivas obras e artigos o entendimento acima exposto acerca do artigo 113, parágrafo 3, do CTN.

Justamente para evitar que a sanção passe a ter como finalidade oculta a função arrecadatória típica do tributo, é que se torna necessário considerar que a sua finalidade também se confunde com a finalidade do dever instrumental ao qual visa dar eficácia. Frise-se, ainda, que essa segunda finalidade encontrada na multa devida por descumprimento de obrigação acessória também é constitucionalmente legítima.

Feitos esses comentários, para fechar este subcapítulo, sintetizaremos logo abaixo os três elementos que foram identificados nos parágrafos anteriores (meio, direito afetado e fim almejado) que são necessários para o exame da sub-regra da adequação em relação às multas devidas por descumprimento de dever instrumental:

- **Meio:** cobrança de multa pecuniária;
- **Direitos afetados:** direito de propriedade (artigo 5, inciso XXII, da CF/88) e direito ao livre exercício da atividade econômica (artigo 170, parágrafo único, da CF/88)
- **Fim almejado:** (i) finalidade imediata – coibir e prevenir o descumprimento do dever instrumental; (ii) finalidade mediata – se confunde com a finalidade do próprio dever instrumental, a qual pode ser sintetizada como sendo o propósito de assegurar o cumprimento da obrigação principal (recolhimento do tributo) ou assegurar que sejam propiciados os meios à Administração Tributária para fiscalizar e controlar as ações dos contribuintes que tenham direta relação com esse recolhimento, conforme o comando contido no artigo 113, parágrafo 2, do Código Tributário Nacional.

Caminhando para o final desta obra, no próximo subcapítulo explicaremos com mais detalhes a finalidade do dever instrumental que se extrai a partir do exame do artigo 113, parágrafo 2, do CTN, haja vista a sua importância para a completa compreensão da finalidade mediata da multa fiscal sob estudo e, em seguida, passaremos ao exame efetivo das sub-regras que compõem a proporcionalidade e à demonstração objetiva dos limites aos quais a multa por descumprimento de dever instrumental devem se submeter.

5.2. A regra prevista no artigo 113, parágrafo 2º, do CTN e as condições para que a multa devida por descumprimento de dever instrumental tributário possa ser considerada proporcional, razoável e não confiscatória

A consequência de se considerar como finalidade mediata da sanção sob análise o fim almejado pelo próprio dever instrumental é que a multa deve guardar sintonia de causa e efeitos jurídicos com a materialidade do dever instrumental, uma vez que ela passa a ter como propósito, também, fomentar a prática da conduta buscada pelo dever instrumental e reprovar as condutas diversas.

Traduzindo isso para uma linguagem que permita a realização do teste da adequação, podemos dizer que o atendimento ou não da sub-regra de adequação em cada caso concreto depende de se verificar, também, o efeito ou impacto causado pelo ato ilícito (descumprimento do dever instrumental) sobre a finalidade ou conduta almejada pelo dever instrumental.

Se o ato ilícito causar algum prejuízo à finalidade que o dever instrumental quer alcançar, a multa servirá para reprovar e punir esse ato ilícito, o que, visto sob outro ângulo, significa que nessa situação a sanção irá fomentar a sua finalidade mediata.

Por outro lado, se o ato ilícito não gerou prejuízo relevante sobre a finalidade do dever instrumental, a multa torna-se inócua, pois não tem qualquer efeito de reprovabilidade no caso concreto e tampouco irá fomentar uma conduta que já foi realizada ou assegurar um comportamento que já foi cumprido. Nesse caso, a sanção (meio) se mostraria inadequada à sua finalidade mediata.

Para aplicar esse raciocínio à situação específica do descumprimento do dever instrumental e descobrir, ainda que de modo hipotético, em que circunstâncias a multa se mostra inadequada e, por corolário desproporcional, é importante aprofundarmos um pouco mais o estudo do fim almejado pelo dever instrumental.

No subcapítulo anterior apontamos que esse fim seria o de assegurar o cumprimento da obrigação principal (recolhimento do tributo) ou assegurar que sejam propiciados os meios à Administração Tributária para fiscalizar e controlar as ações dos contribuintes que tenham direta relação com esse recolhimento ou de terceiros legalmente responsáveis, consoante o artigo 113, parágrafo 2, do Código Tributário Nacional.

Embora correta, essa definição é insuficiente para compreender na sua inteireza a finalidade dos deveres instrumentais, o que exige uma melhor investigação do conteúdo semântico da expressão *no interesse da arrecadação ou da fiscalização dos tributos* contida no referido artigo, a qual constitui o núcleo central que justifica a criação dos deveres instrumentais e, por isso mesmo, ajuda a revelar a sua finalidade por completo.

Essa expressão tem como vocação natural a limitação da discricionariedade da Administração Tributária na criação e exigência dos deveres instrumentais, pois estabelece exatamente para que serve tal dever.

No primeiro capítulo explicamos que o dever instrumental corresponde à exigência de fazer ou deixar de fazer algo com o objetivo de permitir o recolhimento do tributo ou fornecer meios às autoridades fiscais para fiscalizar tal pagamento ou a sua desnecessidade nos casos de imunidade ou isenção.

Indicamos, ainda, que a marca da sua acessoriedade está na instrumentalidade para controle de cumprimento da relação jurídica tributária principal e possibilitar à fiscalização checar a correção do valor recolhido, a existência de um fato gerador ou a aplicabilidade de eventual isenção ou imunidade, razão pela qual a consistência jurídica do dever instrumental depende de uma relação meio/fim, não tendo ele um fim em si mesmo[92].

Assim, embora o dever instrumental possa subsistir sem que haja um tributo a ser pago, a sua própria existência está vinculada a um tributo (obrigação principal) que deve existir, ao menos, no plano abstrato, para que possa haver uma arrecadação ou uma fiscalização a ser realizada por meio do dever instrumental, caso contrário esse dever perderia sua função primordial[93].

---

[92] Nesse mesmo sentido se manifesta Paulo de Barros Carvalho. Cf. CARVALHO, Paulo de Barros. *Curso de Direito Tributário*, 23 ed., São Paulo, Saraiva, 2011, pp. 359-360.

[93] Segundo Hugo de Brito Machado, *em Direito Tributário as obrigações acessórias não precisariam existir se não existissem as obrigações principais. São acessórias, pois, neste sentido. Só existem em função das principais, embora não exista necessariamente um liame entre determinada obrigação principal e determinada obrigação acessória. Todo o conjunto de obrigações acessórias existe para viabilizar o cumprimento das obrigações principais*. Cf. MACHADO, Hugo de Brito. *Algumas questões a respeito da obrigação tributária acessória* in Teoria Geral da Obrigação Tributária – Estudos em homenagem ao Professor José Souto Maior Borges, Heleno Taveira Torres (coord.), Malheiros Editores Ltda., São Paulo, 2005, p. 295.

Tanto é assim que somente se vislumbra a validade e legitimidade de um dever instrumental se ele for apto para assegurar o cumprimento da obrigação principal ou para a demonstração da inexistência de um tributo a ser pago em razão de uma imunidade ou isenção, e desde que o ente que criou esse dever instrumental tenha competência para exigir o respectivo tributo ao qual corresponde a obrigação principal. Fora dessas situações não há que se falar em dever instrumental, ainda que determinada exigência possa ter algum grau de utilidade para o trabalho das autoridades fiscais[94].

Seguindo essa lógica, a parcela da expressão relativa ao *interesse da arrecadação dos tributos* significa que o dever instrumental tem como primeira finalidade viabilizar o pagamento da obrigação principal ao qual se refira, i.e., ele visa possibilitar e assegurar o fiel cumprimento da obrigação tributária principal[95].

Sob uma perspectiva prática, é por meio do dever instrumental que o contribuinte declara às autoridades fiscais (no caso do lançamento por homologação) a ocorrência de determinado fato gerador, os dados necessários ao cálculo do valor do tributo e emite a guia de pagamento desse tributo.

Assim, se o contribuinte recolheu corretamente os tributos dos quais é devedor está cumprida a primeira finalidade do dever instrumental ligada à arrecadação do tributo, mas essa finalidade, evidentemente, não é a única.

A segunda finalidade se revela através da interpretação do termo *no interesse da fiscalização dos tributos*, o qual está vinculado a ideia de que as autoridades fiscais precisam ter meios para controlar os fatos relevantes para o surgimento da obrigação principal ou para verificarem a aplicabilidade de uma eventual isenção ou imunidade em cada caso concreto.

O resultado dessa segunda finalidade do dever instrumental é que ele deve se prestar a compelir o contribuinte (ou terceiro legalmente responsável) a fornecer à Administração Tributária as informações que sejam relevantes para a apuração da ocorrência do fato gerador e cálculo do tributo, aí incluídos os dados pertinentes à definição da alíquota, base de

---

[94] Respaldando essa afirmação vide TORRES, Ricardo Lobo. *op. cit.*, p. 240.

[95] Cf. MACHADO, Hugo de Brito. *Idem, Ibidem.* p. 301. De modo similar se manifestou a Primeira Turma do Superior Tribunal de Justiça no Recurso Especial 1.096.712/MG, tendo como relatora a Ministra Denise Arruda, em julgamento ocorrido em 2.4.2009, assim como no Recurso Especial 539.084/SP, de relatoria do Ministro. Francisco Falcão, em 18.10.2005.

cálculo, período de apuração e contribuinte (localização, dados de identificação, tipo de atividade e regime tributário aplicável), bem como, quando aplicável, as informações que demonstram a existência de uma imunidade ou isenção naquele caso específico.

É importante registrar que o dever instrumental não deve se prestar ao fornecimento de qualquer tipo de informação, mas tão somente aquelas estritamente necessárias para o controle da ocorrência do fato gerador e apuração correta do tributo devido ou para o controle da isenção ou imunidade, caso contrário o dever instrumental estará extrapolando a relação meio/fim que lhe caracteriza e lhe dá consistência jurídica.

Desse modo, há que se separar as informações essenciais ao trabalho da fiscalização – que são aquelas tuteladas pelo dever instrumental e sem as quais não é possível verificar a realização da hipótese de incidência e os aspectos quantitativo, espacial e temporal a ela vinculados (ou a respectiva isenção/imunidade) –, das informações que são meramente úteis ao trabalho das autoridades fiscais, mas sem as quais ainda sim é viável a apuração do fato gerador, valor do tributo, identificação do contribuinte e seu regime de tributação, isenção ou imunidade. Essas últimas não estão englobadas no limite previsto pelo artigo 113, parágrafo 2, do CTN.

Ou seja, a expressão no *interesse da fiscalização dos tributos* não é o mesmo que dizer "no interesse do Fisco". Essa segunda expressão foge da intenção do legislador complementar e é algo alheio ao *interesse da fiscalização dos tributos*, o qual corresponde à uma restrição objetiva para evitar justamente que o Fisco institua tantos deveres instrumentais quanto desejar, sob o manto da busca pela praticidade e da eficiência administrativa, o que abriria a porta para arbitrariedades[96].

É importante esclarecer e enfatizar esse ponto, pois, como tivemos a oportunidade de explicar no capítulo 1.2, não é raro que a Administração Tributária utilize a expressão *no interesse da arrecadação ou fiscalização dos tributos* para justificar a criação de diversos deveres instrumentais e impor quaisquer tipos de condutas aos contribuintes ou terceiros que, direta ou indiretamente, prestam-se a promover o ideal de eficiência administrativa

---

[96] Corroborando esse raciocínio citamos o trabalho elaborado por Caio Augusto Takano, que realizou um interessante estudo sobre os limites à criação de deveres instrumentais no Direito Tributário. Cf. TAKANO, Caio Augusto. *Os limites impositivos aos deveres instrumentais tributários* in Revista Direito Tributário Atual n. 27, São Paulo, Dialética, 2012, pp. 284-304.

e arrecadatória[97], o que nem sempre é respaldado pelo Código Tributário Nacional.

Dito isso, podemos sintetizar a finalidade dos deveres instrumentais por meio de duas condutas por eles almejadas: **(i)** viabilizar o pagamento da obrigação principal a qual se refira; e **(ii)** compelir o contribuinte ou terceiro legalmente responsável a prestar informações que permitam às autoridades fiscais apurar a ocorrência do fato gerador e calcular o tributo devido, quais sejam: os dados pertinentes à concretização da hipótese de incidência, definição da alíquota, base de cálculo, período de apuração e identificação do contribuinte (localização, dados de identificação, tipo de atividade e regime tributário aplicável), bem como, quando aplicável, as informações que demonstrem a existência de uma imunidade ou isenção naquele caso em específico.

Sendo essas as condutas buscadas pelo dever instrumental, as quais, por sua vez, correspondem à finalidade mediata da sanção devida por descumprimento de dever instrumental, já temos dados suficientes para realizar, de forma hipotética, o teste de adequação exigido pelo princípio da proporcionalidade.

De modo geral, as multas pecuniárias cobradas pelas autoridades fiscais na hipótese de não cumprimento do dever instrumental são aptas a fomentar ou alcançar a sua finalidade imediata, i.e., coibir e prevenir o descumprimento do dever instrumental, uma vez que normalmente não têm valor ínfimo (ao contrário, seu valor absoluto ou proporcional se mostra na maioria dos casos bastante significativo) e sua mera previsão legal costuma compelir os contribuintes ao atendimento espontâneo dos deveres instrumentais.

Os problemas em relação à adequação se iniciam, porém, quando realizamos o teste em relação à sua finalidade mediata. Abstratamente e de forma geral, é possível que uma multa prevista na legislação para o descumprimento do dever instrumental seja adequada para fomentar e estimular que os contribuintes (ou terceiros previstos na legislação) recolham o tributo devido (se for o caso) e prestem as informações necessárias para

---

[97] Segundo Paulo Ayres Barreto ao tratar sobre a criação de novos tributos, regimes tributários e deveres instrumentais, *com o argumento de tornar a legislação mais simples e a arrecadação mais eficiente, ignoram-se diretrizes fundamentais do Texto Constitucional, sempre em prejuízo do contribuinte.* Cf. BARRETO, Paulo Ayres. *A não cumulatividade das contribuições e sua vinculação à forma de tributação do imposto sobre a renda* in Revista do Advogado v. 94, São Paulo, 2007, p. 131.

que as autoridades fiscais fiscalizem o tributo recolhido ou a existência de imunidade ou isenção.

No entanto, quando a análise é feita de forma concreta e específica, que é justamente aquela que interessa aos juízes e tribunais, os contribuintes e os terceiros responsáveis podem escolher cumprir ou não cumprir o dever instrumental e, na hipótese em que deixam de cumprir com esse dever, vislumbramos que três situações poderiam decorrer desse ato ilícito:

(1) o ato ilícito (descumprimento do dever instrumental) resulta na falta do recolhimento do tributo devido;

(2) o ato ilícito (descumprimento do dever instrumental) **não** resulta na falta de recolhimento do tributo devido, mas priva as autoridades fiscais das informações necessárias para apurar a ocorrência do fato gerador e calcular o tributo que foi recolhido, quais sejam: os dados pertinentes à concretização da hipótese de incidência, definição da alíquota, base de cálculo, período de apuração e identificação do contribuinte (localização, dados de identificação, tipo de atividade e regime tributário aplicável), ou, se for essa a hipótese, priva as autoridades de terem acesso às informações que permitem constatar a correção da aplicação da imunidade ou isenção naquele caso em específico; ou

(3) o ato ilícito (descumprimento do dever instrumental) **nem implica** em falta de recolhimento do tributo devido e **nem implica** na privação de informações à Administração Tributária que permitam apurar a ocorrência do fato gerador e calcular o tributo que foi recolhido (i.e. dados pertinentes à concretização da hipótese de incidência, definição da alíquota, base de cálculo, período de apuração e identificação do contribuinte), ou verificar a existência de uma imunidade ou hipótese de isenção naquele caso concreto.

Nas duas primeiras hipóteses (1 e 2), claramente o ato ilícito praticado resultou num prejuízo à finalidade mediata da sanção devida por descumprimento de dever instrumental e à própria finalidade almejada pelo dever instrumental, o que justifica a aplicação da multa como forma de reprovar a conduta e punir o ato ilícito praticado, caso contrário não se fomentaria o atendimento a tal finalidade.

Portanto, nessas duas primeiras hipóteses existe adequação entre o meio utilizado (multa) e as duas finalidades almejadas (finalidade imediata e mediata da sanção por descumprimento de dever acessório), de modo que a cobrança da multa é razoável e passou no primeiro teste da proporcionalidade, sendo adequada ao fim pretendido.

Na terceira hipótese, entretanto, estamos diante de um caso de falta de adequação entre a multa cobrada e a finalidade mediata almejada. Como comentado anteriormente, se o ato ilícito praticado (descumprimento do dever instrumental) não gerou qualquer prejuízo à finalidade do dever instrumental, não tendo implicado falta de recolhimento do tributo devido e nem privado as autoridades fiscais das informações necessárias para a correta apuração do tributo ou verificação de eventual imunidade ou isenção, a aplicação da multa é simplesmente inócua, não servindo para fomentar qualquer dessas duas finalidades, uma vez que elas já foram devidamente alcançadas por outros meios em momento anterior à prática do ato ilícito.

Vale enfatizar, inclusive, que haverá falta de adequação na aplicação da multa mesmo se o descumprimento do dever instrumental gerou a falta de alguma informação útil ao trabalho da fiscalização, mas que não era essencial para a correta apuração do tributo ou imunidade/isenção, haja vista a limitação imposta pelo artigo 113, parágrafo 2, do CTN por meio da expressão *no interesse da arrecadação ou fiscalização dos tributos.*

Note-se que nessa terceira hipótese, tendo sido atendidas as duas finalidades almejadas pelo dever instrumental, o contribuinte (ou terceiro responsável) em nada se aproveita do ato ilícito, i.e., ele não obtém qualquer proveito ou resultado positivo com o descumprimento do dever instrumental, não havendo dano ou juízo de reprovabilidade que justifique a aplicação da multa nesse caso.

A única vantagem obtida pelas autoridades fiscais com a cobrança da multa nessa situação seria a receita dela decorrente, tornando-a um mero instrumento arrecadatório, o que, conforme explicação anterior, não é admitida para as sanções tributárias.

Em complemento à falta de adequação, que já é suficiente por si só para tornar a multa aplicada nessa terceira hipótese desarrazoada e desproporcional, é pertinente observar que essa situação também implica na violação à quarta premissa extraída da jurisprudência do STF, segundo a qual a multa deve guardar proporcionalidade entre a gravidade do ato ilícito praticado pelo contribuinte e a sua consequência jurídica (a multa).

A gravidade do ato ilícito, por sua vez, é medida através do dano ou ameaça de dano que a infração representa para a finalidade do dever instrumental. Assim, se o ato ilícito não prejudicou essa finalidade por não ter resultado em falta de recolhimento do tributo e nem privado a fiscalização das informações essenciais que devem ser prestadas por meio do dever instrumental, não há gravidade decorrente da infração, ao menos em nível relevante. Se a gravidade do ato ilícito é nenhuma ou é irrelevante, não seria admissível a cobrança da multa segundo o raciocínio desenvolvido pelo STF ao longo dos anos.

O curioso aqui talvez seja imaginar em que situações concretas poderia ocorrer a terceira hipótese. A realidade atual dos deveres instrumentais descrita no subcapítulo 1.2, aponta no sentido de que atualmente é comum se exigir do contribuinte e de terceiros deveres instrumentais cujas informações são prestadas em duplicidade ou diversas vezes, havendo sobreposição de deveres, de tal sorte que não é raro que a informação a ser prestada já foi prestada por meio de outro dever instrumental e o tributo devido também já foi recolhido utilizando-se esse outro dever instrumental.

Outras vezes a informação exigida por um dever instrumental não é sequer essencial para a apuração do tributo, de modo que sua falta não prejudica verdadeiramente o trabalho de fiscalização, ao menos não dentro dos limites impostos pelo artigo 113, parágrafo 2, do CTN. Além disso, a sistemática de substituição tributária por vezes faz com que o tributo seja recolhido de forma antecipada para a cadeia toda por um único contribuinte que não se confunde com aquele que descumpriu o dever instrumental.

Corroborando essa percepção, Eduardo Perez Salusse[98] divide o perigo de dano ao erário decorrente do descumprimento do dever instrumental como sendo *in concreto* ou *in abstrato*, sendo que na sua visão apenas o descumprimento que gerar um dano *in concreto* deveria ser punido com rigor.

Segundo explica, *por vezes as irregularidades consistem em preenchimentos equivocados de determinados campos de arquivos magnéticos ou na falta de escrituração de notas fiscais efetivamente emitidas e que não representam operações tributárias. Em situações tais, a autoridade fiscal tem amplo acesso a todos os documentos exibidos pelo próprio contribuinte, assegurando que nenhum tributo deixou de ser recolhido e*

---

[98] Cf. SALUSSE, Eduardo Perez. *Moderação Sancionatória no Processo Administrativo Tributário*. Dissertação de mestrado apresentada no ano de 2015 a Escola de Direito de São Paulo da Fundação Getúlio Vargas, pp. 93-96.

que as eventuais inconsistências escriturais são fruto de mero erro, justificadas com a exibição de outros livros, registros ou documentos que atestem a condição. Estaríamos, neste caso, diante de um perigo in abstrato, eis que o erário não teria, em hipótese nenhuma, o risco de lesão.

Em tais situações é possível demonstrar no âmbito do processo administrativo que o perigo de dano ao erário não passou de uma hipótese não confirmada, não havendo que se permitir a manutenção do rigor da sanção prevista na norma geral e abstrata.

Salusse complementa o raciocínio explicando que *o tratamento diferenciado entre situações diferenciadas não é apenas recomendável, mas imperioso à proteção da própria norma sancionatória. Exsurge que, ao se manter o mesmo tratamento, nenhum incentivo terá o contribuinte em colaborar com a demonstração das justificativas pelos erros incorridos ou em refazer a sua escrita fiscal ou, ainda, em retificar as obrigações acessórias cumpridas de forma errônea ou incompleta.*

Enfim, essas são apenas breves explicações que ajudam a demonstrar que a terceira hipótese descrita nos parágrafos precedentes não é apenas uma hipótese meramente teórica, podendo ocorrer na prática com mais frequência do que se supõe num primeiro momento.

É de suma importância notarmos, ainda, que o recolhimento do tributo não é suficiente por si só para afastar a multa devida pelo descumprimento do dever instrumental, já que, como vimos, a finalidade do dever instrumental não se limita ao recolhimento do tributo, mas também à prestação de informações relevantes ao fisco para a apuração do fato gerador ou da imunidade/isenção, sendo que o dever instrumental pode subsistir mesmo quando não há um tributo a ser efetivamente recolhido.

Desse modo, para que uma multa devida pelo descumprimento do dever instrumental possa ser considerada inadequada e, consequentemente, desproporcional, desarrazoada e confiscatória, é necessário que o ato ilícito praticado não tenha gerado impacto significativo em nenhuma das suas duas finalidades, i.e., nem sobre o recolhimento do tributo e nem sobre a prestação das informações essenciais à correta apuração do fato gerador ou da hipótese de imunidade ou isenção. As condições são cumulativas, não bastando o atendimento de apenas uma delas.

Para fechar a análise da sub-regra da adequação, cabe citarmos uma constatação bastante pertinente de Humberto Ávila na sua obra sobre os princípios da razoabilidade e proporcionalidade[99]. Segundo o autor, *uma*

---

[99] Cf. ÁVILA, Humberto. *op. cit*, pp. 97-98.

regra não é aplicável a um caso se, e somente se, suas condições são satisfeitas e sua aplicação não é excluída pela razão motivadora da própria regra ou pela existência de um princípio que institua uma razão contrária. Nessa hipótese as condições de aplicação da regra são satisfeitas, mas a regra, mesmo assim, não é aplicada.

Isso significa que, ainda que o ato ilícito relativo ao descumprimento do dever instrumental esteja previsto na legislação como hipótese de aplicação de uma determinada sanção, a subsunção entre o fato ocorrido (descumprimento do dever instrumental) e a hipótese prevista em lei não é suficiente por si só para legitimar a aplicação da multa.

Em outras palavras, a incidência da norma que prevê a sanção por descumprimento de dever instrumental é condição necessária, mas não suficiente para a permitir a aplicação da multa.

É necessário, também, que as autoridades fiscais demonstrem que o ato ilícito praticado resultou na falta do recolhimento do tributo vinculado àquele dever instrumental ou que, ainda que esse tributo tenha sido recolhido ou não era devido, o descumprimento as privou do acesso às informações necessárias para a correta fiscalização e apuração do fato gerador, aqui entendidas como sendo apenas as informações essenciais para a checagem da ocorrência do fato gerador, valor do tributo e dados do contribuinte, ficando excluídas dessa exigência as informações que são meramente úteis ao trabalho das autoridades fiscais.

É interessante observar que a verificação acerca do efeito do ato ilícito praticado (descumprimento do dever instrumental) no acesso pelas autoridades fiscais às informações essenciais para a fiscalização do tributo deve ser feita em cada caso concreto.

Isto porque o teste que nos parece relevante para saber se a informação omitida era de fato essencial ou não é justamente verificar se naquele caso concreto a autoridade fiscal ficou efetivamente impossibilitada, sem tal informação, de constatar a ocorrência do fato gerador e calcular o valor do tributo (ou impossibilitada de checar o atendimento aos requisitos para a aplicação de uma eventual isenção ou imunidade). Se a resposta a esse teste for positiva, é porque a informação omitida era essencial.

Caso não haja a demonstração pelas autoridades fiscais que o ato ilícito implicou prejuízos à finalidade do dever instrumental, estaremos diante de uma multa desproporcional e desarrazoada, o que significa que mesmo que a legislação ordinária preveja a aplicação de multa para aquela hipótese de descumprimento de dever instrumental, tal multa não poderá ser cobrada em razão da proteção outorgada pelos princípios da proporcionalidade, razoabilidade e não-confisco.

Seguindo essa mesma linha de raciocínio, vale conferir abaixo trecho do artigo escrito por Hugo de Brito Machado Segundo[100] sobre os limites na cominação e graduação das penalidades por ilícito tributários:

> "(...) Como a definição da infração e a cominação da penalidade são *meio* para se atingir o fim, é preciso que o meio seja, de início, *adequado* a essa finalidade. Para tanto, será o caso de indagar: a conduta realmente pode ser considerada ilícita, por contrariar o objetivo buscado? Caso a conduta seja *inócua* relativamente ao objetivo buscado (bem como a quaisquer outros, igualmente perseguidos pela Constituição), não poderá ser considerada ilícita, nem ter à sua prática associada uma penalidade, pois isso não será adequado à consecução do objetivo que a justifica e lhe dá fundamento. Seria o caso, por exemplo, de lei que resolvesse punir contribuintes por terem os cabelos grandes ou por usarem óculos. Mesmo amparada em lei em sentido estrito, uma penaliadde assim não seria válida. Condutas irrelevantes, que em nada atrapalham a realização dos princípios a serem protegidos por meio da definição de infrações e da cominação de penalidades, não podem ser consideradas ilícitas, por evidente inadequação."

Essa conclusão, porém, não é suficiente para esgotar o assunto. A questão que surge em seguida é justamente se existe um limite para a cobrança da multa por descumprimento de dever instrumento nas situações em que essa multa for considerada adequada (hipóteses 1 e 2 descritas anteriormente). A resposta para essa pergunta pode ser obtida por meio do teste relativo à sub-regra da necessidade que compõe o princípio da proporcionalidade, combinado com as premissas extraídas da jurisprudência histórica do STF.

Idealmente, as multas devidas pelo descumprimento de dever instrumental deveriam ser cobradas em valor fixo condizente com a reprovabilidade da conduta e com a ameaça de dano causada à finalidade do dever instrumental, de modo que a multa seja cobrada no mesmo valor para qualquer contribuinte que não cumpre aquele respectivo dever, evitando assim que contribuintes que cometeram o mesmo ato ilícito sejam punidos de forma diversa.

---

[100] Cf. MACHADO SEGUNDO, Hugo de Brito. *op. cit*, p. 377.

Ademais, a utilização de um valor fixo seria especialmente importante diante do caráter de não-patrimonialidade do dever instrumental, o qual dificulta estimar em termos financeiros o valor da punição[101].

A realidade que se encontra na rotina tributária brasileira, entretanto, nos mostra que na maioria dos casos a legislação ordinária estabelece que as multas devidas pelo descumprimento do dever instrumental devem ser calculadas sobre o valor da operação ao qual se refiram, o que invariavelmente implica em valores de multa bastante significativos e, às vezes, maiores que o próprio tributo ao qual esteja vinculado aquele dever instrumental, a exemplo do caso objeto de estudo, cuja multa foi calculada sobre o valor da operação e atingiu a expressiva quantia de aproximadamente R$ 165 milhões.

Dada essa realidade, encontrar um limite juridicamente plausível para o valor dessa modalidade de multa, quando for possível cobrá-la na forma em que expusemos nos parágrafos precedentes, se tornou quase que um imperativo. E é aqui que a sub-regra da necessidade pode ajudar.

Segundo a explicação contida no subcapítulo 4.2, a regra da necessidade determina que embora um meio possa ser considerado adequado para alcançar ou fomentar o fim pretendido, ele somente será necessário se esse fim não puder ser alcançado ou promovido através de outro meio que restrinja o direito afetado em menor escala.

Portanto, estamos tratando de um exame comparativo. Neste caso específico, o parâmetro de comparação, a seu turno, pode ser encontrado na própria jurisprudência do STF.

Conforme já explicado, a sexta premissa extraída da jurisprudência do STF foi a de que existe um limite objetivo a partir do qual a multa fiscal torna-se desproporcional, desarrazoada e, consequentemente, confiscatória. O limite em questão corresponde ao montante equivalente a 100% do valor da obrigação tributária principal que se deixou de recolher ou ao qual se refira o ato ilícito que originou a multa fiscal.

Trata-se de um limite objetivo, mas não apenas isso. Uma das leituras que se pode fazer da jurisprudência do STF nesse ponto é que a corte

---

[101] Sobre a estrutura ideal de graduação e cobrança das multas devidas pelo descumprimento de dever instrumental fazemos referência ao artigo escrito por André Malta Martins já citado anteriormente: MARTINS, André Malta. *op. cit.*

entende que uma multa fiscal cobrada até esse patamar será adequada para alcançar a sua finalidade.

É pertinente lembrar, inclusive, que esse limite já foi utilizado pelo STF também em casos envolvendo descumprimento de dever instrumental, a exemplo da ADI 1.075-1-MC/DF, cuja decisão é uma das responsáveis pela construção da jurisprudência da corte e na qual o STF julgou confiscatória e inconstitucional a multa de 300% sobre o valor da operação no caso de não emissão de nota fiscal, recibo ou documento equivalente.

Dito de outra forma, para o STF cobrar uma multa de 100% do valor do tributo devido ou ao qual o dever instrumental faça referência já é suficiente para fomentar a finalidade dessa multa. Acima desse teto, ainda que a finalidade continue sendo fomentada, entraremos numa zona de excesso que ocasiona o confisco do patrimônio do contribuinte ou terceiro legalmente responsável.

Se para o STF a multa cobrada até o patamar de 100% do valor da obrigação tributária principal é adequada para fomentar o fim buscado pela multa fiscal, ao comparamos a multa aplicada até esse limite com a multa que ultrapassa esse valor, invariavelmente chegaremos à conclusão de que a multa que ultrapassa esse limite é desnecessária, pois, apesar de fomentar igualmente o fim almejado, ela restringe num nível mais intenso o direito de propriedade do contribuinte e o direito ao livre exercício da sua atividade econômica, uma vez que drena mais recursos do patrimônio e da atividade econômica desse contribuinte (ou do terceiro legalmente responsável pelo cumprimento do dever instrumental) ao cobrar um montante maior em decorrência do ato ilícito.

Transpor esse limite para a realidade das multas devidas pelo descumprimento de um dever instrumental, tampouco seria um problema. Conforme já esclarecido, os deveres instrumentais obrigatoriamente devem se referir, ainda que de forma abstrata, a uma obrigação tributária principal.

Dada a relação finalística que caracteriza o dever instrumental, o fato da obrigação principal já ter sido recolhida ou não ser devida por conta de uma imunidade ou isenção não prejudica o fato de que, ainda assim, o dever instrumental deve se referir, mesmo que abstratamente, a uma obrigação principal.

Nos casos em que o dever instrumental envolver a demonstração de uma hipótese de imunidade ou isenção, basta que se verifique qual seria o valor do tributo a ser pago pelo contribuinte se não fosse aplicável aquela imunidade ou isenção para se chegar no valor limite da multa devida pelo descumprimento do dever instrumental, não sendo a imunidade ou isenção impeditivos para a aplicação do limite ora descrito.

Note-se que se o dever instrumental não fizer referência a uma obrigação principal, seja ela devida ou não, estaremos diante de outro tipo de dever (e não de dever instrumental), cuja natureza jurídica será distinta, podendo sua própria exigência pelas autoridades fiscais ser questionada em vista dos limites impostos pelo artigo 113, parágrafo 2, do CTN[102].

Desse modo, a segunda conclusão que é possível se alcançar é que, ainda que a multa devida por descumprimento de dever instrumental seja considerada adequada no caso concreto, **ela somente poderá passar no teste da necessidade se o montante cobrado não for superior a 100% do valor da obrigação tributária principal ao qual, ainda que abstratamente, se refira o dever instrumental descumprido. Se a multa for cobrada em patamar superior a esse valor, ela será desnecessária e, por corolário, desproporcional e confiscatória.**

Tendo sido realizados, de modo hipotético, os testes de adequação e necessidade sobre as multas devidas por descumprimento de dever instrumental já foi possível estabelecer de forma objetiva dois limites para esse tipo de multa, os quais podem ser sintetizados da seguinte forma:

(i) **Primeiro limite:** o ato ilícito consubstanciado no descumprimento do dever instrumental deve ter, obrigatoriamente, implicado o não recolhimento do tributo devido ou a privação de informações às autoridades fiscais que lhe permitissem apurar a ocorrência do fato gerador e calcular o tributo que foi recolhido (i.e. dados pertinentes à concretização da hipótese de incidência, definição da alíquota, base de cálculo, período de apuração e identificação do contribuinte), ou verificar a existência de uma imunidade ou hipótese de isenção naquele caso concreto. Eventuais informações omitidas à Administração Tributária que não sejam essenciais para a apuração do fato gerador, mas apenas úteis ao trabalho das autoridades fiscais, não são suficientes para legitimar a cobrança da multa pelo descumprimento do dever instrumental; e

---

[102] Sobre os limites na criação dos deveres instrumentais fazemos referência novamente ao artigo elaborado por Caio Augusto Takano. Cf. TAKANO, Caio Augusto. *op. cit.*

(ii) Segundo limite: assumindo que a multa cobrada pelas autoridades fiscais pelo descumprimento do dever instrumental está dentro das condições impostas pelo primeiro limite acima, é necessário que o seu valor não ultrapasse o teto de 100% do montante correspondente à obrigação tributária principal ao qual se refira, ainda que abstratamente, o dever instrumental descumprido.

Esses dois limites devem ser suficientes para controlar a cobrança desse tipo de multa na grande maioria dos casos surgidos na prática tributária, mas em situações excepcionais vislumbramos que um terceiro limite pode ser aplicado como decorrência do teste da proporcionalidade em sentido estrito.

A sub-regra da proporcionalidade em sentido estrito está pautada na ideia de que um meio adequado e necessário para alcançar ou fomentar determinada finalidade não deve ser implementado se os prejuízos que causar ao direito afetado forem maiores ou mais intensos que a importância da finalidade a ser alcançada ou fomentada.

No caso específico das multas devidas pelo descumprimento de dever instrumental a ponderação exigida pela proporcionalidade em sentido estrito deve se dar entre o direito de punição das autoridades fiscais e a praticidade e eficiência fiscalizatória, de um lado, e o direito de propriedade e ao livre exercício da atividade econômica pelo contribuinte (ou terceiro legalmente responsável), do outro lado[103].

É evidente que a cobrança da multa mesmo que limitada ao patamar de 100% do valor da obrigação principal a qual esteja vinculado o dever instrumental afeta e prejudica em algum grau o direito de propriedade e o livre exercício à atividade econômica.

O prejuízo gerado sobre esses dois direitos pela aplicação da multa, porém, não é suficiente na grande maioria dos casos para causar grandes danos ao direito de propriedade do contribuinte a ponto de aproximar

---

[103] A esse respeito, Maria Luiza Vianna Pessoa de Mendonça observa que *a máxima da proporcionalidade em sentido estrito exige que a ablação do patrimônio do infrator que decorrerá do pagamento da multa tributária seja proporcional ao ganho que terá o Fisco com o cumprimento da obrigação tributária principal ou da obrigação tributária acessória pelo obrigado*. Cf. MENDONÇA, Maria Luiza Viana Pessoa de. *Multas tributárias – efeito confiscatório e desproporcionalidade – tratamento jusfundamental* in FISCHER, Octávio Campos (coord.). *Tributos e direitos fundamentais*, São Paulo, Dialética, 2004, p. 253.

esse patrimônio do esgotamento ou de inviabilizar o exercício da atividade econômica.

Por outro lado é imperativo que se permita às autoridades fiscais exercer o seu direito de punibilidade nos casos em que a multa for adequada e necessária, caso contrário o dever instrumental corre o risco de perder eficácia por falta de coatividade da norma que o estabeleceu e, consequentemente, haverá uma perda significativa de eficiência fiscalizatória.

É por esse motivo que somos da opinião que a multa que atenda aos critérios de adequação e necessidade vinculados ao princípio da proporcionalidade somente seja afastada por descumprir o critério da proporcionalidade em sentido estrito em casos excepcionais e específicos, nos quais reste devidamente comprovado que o pagamento da multa cobrada irá reduzir sensivelmente o tamanho do patrimônio do contribuinte ou irá inviabilizar o exercício da sua atividade econômica ou algo próximo disso.

Nessa ocasião e apenas nela, de fato haveria um prejuízo ao direito de propriedade e ao livre exercício da atividade econômica num grau significativo que justificaria afastar o direito de punição do fisco e a busca pela eficiência fiscalizatória em favor desses dois direitos protegidos constitucionalmente. Ou seja, apenas nessa situação o direito de propriedade e ao livre exercício da atividade econômica estariam efetivamente em perigo, devendo a balança da ponderação pender para esse lado em detrimento do direito das autoridades fiscais.

Não obstante, vale frisar que considerando os limites expostos anteriormente para a cobrança da multa por descumprimento de dever instrumental somente em teoria conseguimos imaginar que se chegue a tal situação, razão pela qual avaliamos que esse terceiro limite terá pouca aplicabilidade na prática tributária e nos julgamentos realizados pelos tribunais.

Por fim, uma dúvida que pode surgir nas situações práticas é se as autoridades fiscais poderiam deixar de aplicar a multa prevista na legislação nos casos em que constatarem que o descumprimento do dever instrumental não gerou qualquer efeito relevante para o recolhimento do tributo ou para o acesso às informações necessárias à fiscalização da ocorrência do fato gerador e apuração do tributo, ou quando o valor cobrado seja superior a 100% do valor da obrigação principal ao qual se refira o dever instrumental ou, numa situação extrema, quando verificar que a cobrança da multa inviabilizaria ou prejudicaria sensivelmente o exercício da atividade econômica pelo contribuinte.

Infelizmente é comum que as legislações tanto em nível federal, como estadual e municipal, prevejam punições aos funcionários públicos pelo mera não observância do que está determinado de forma objetiva na legislação, inclusive nas normas infralegais, o que, na prática, poderá fazer com que as autoridades fiscais sigam aplicando e cobrando as multas devidas pelo descumprimento de dever instrumental mesmo quando elas se mostrarem desarrazoadas e desproporcionais.

Idealmente, a legislação deveria conceder, de forma clara e objetiva, uma margem de discricionariedade às autoridades fiscais para fazerem um exercício de proporcionalidade e razoabilidade dos seus atos na hipótese de aplicação de sanções tributárias[104]. Não obstante, o mais comum é que não haja essa preocupação com relação à tais princípios na legislação disciplinar que rege o comportamento das autoridades fiscais.

Como consequência, é possível vislumbrar desde já que essas questões envolvendo a cobrança de multas fiscais desproporcionais, desarrazoadas e confiscatórias serão na grande maioria dos casos levadas aos tribunais administrativos e judiciais para serem resolvidas, com a instauração do respectivo contencioso nesse sentido.

A adoção de uma solução adequada com as conclusões desenvolvidas nesta obra para o caso objeto do tema 487 da lista de repercussões gerais do STF, porém, será de grande valia e importância para que esses contenciosos sejam resolvidos mais rapidamente e desde as primeiras instâncias, evitando-se que recursos subam para o STF para discutir o tema novamente e, ao longo do tempo, permitir a construção de uma cultura jurídica que fomente a alteração da legislação e do comportamento tanto das autoridades fiscais como dos contribuintes na instauração desse tipo de contencioso fiscal.

---

[104] Em artigo sobre o tema da limitação das sanções tributárias, Caio Augusto Takano menciona que, dado que o lançamento é uma atividade vinculada, o Poder Executivo tem pouco ou nenhum espaço atualmente para a ponderação na aplicação das penas tributárias, cabendo ao Poder Legislativo conceder esse poder, num mundo ideal, realizar o controle de proporcionalização das penas de forma abstrata. Ele reconhece, porém, que isso não tem ocorrido ou que não é suficiente para evitar a aplicação de multas desarrazoadas e desproporcionais, daí a importância do Poder Judiciário no controle concreto da aplicação de sanções tributárias, eis que poderá avaliar se a sanção aplicada corresponde com as peculiaridades do caso. Cf. TAKANO, Caio Augusto. *Sanções Tributária: Limitações e Controle*. Disponível em <http://www.publicadireito.com.br/artigos/?cod=2ffe95614e083e70> Acessado em 1.6.2016.

6.
A conclusão e proposta de solução para o tema 487 da lista de repercussões gerais do STF

Como conclusão iremos propor uma solução à questão controversa objeto do tema 487 da lista de repercussões gerais do STF, tendo por base todo o raciocínio e os argumentos desenvolvidos nos capítulos anteriores, e, em seguida, testar essa proposta de solução para resolver o caso tratado no Recurso Extraordinário nº 640.452/RO.

A ambição de alcançar uma solução acerca do problema em discussão e não apenas sobre o caso levado a julgamento pelo STF, que é uma característica da sistemática da repercussão geral, exige que a corte adote uma postura prospectiva ao julgar o tema e elaborar o respectivo acórdão.

A adoção de uma orientação prospectiva, por sua vez, demanda que o STF tenha a intenção de criar uma decisão que sirva de guia para a solução de casos que envolvam questão idêntica ou similar à aqui tratada, ocasião que o tribunal deve estabelecer, de forma consciente e objetiva, critérios e condições que funcionem como regras que tenham força e consistência suficientes para influenciar na solução de futuros outros casos pelo próprio tribunal ou outros tribunais inferiores e juízes tratando do mesmo ou similar assunto[105].

---

[105] Nesse mesmo sentido vide TARUFFO, Michele. *Institutional Factors influencing precedents* in MACCORMICK, Neil; SUMMERS, Robert S (editors). *Interpreting precedents: a comparative study*, Aldershot, Ashgate/Dartmouth, 1997, pp. 437-460. O jurista italiano Michele Taruffo discorre

Essa característica da decisão a ser tomada pelo STF sob a sistemática da repercussão geral e que será considerada na proposta de solução mais abaixo, encontra amparo, inclusive, na obra do jurista escocês Neil MacCormick[106].

De forma bastante sintetizada, um ponto relevante tratado na obra de MacCormick é a ideia de que os tribunais devem buscar uma solução universalizável para os problemas que julgam, ou seja, as razões e premissas (*ratio decidendi*) que fundamentam a decisão que pretenda ter efeitos prospectivos deve servir para a solução de outros casos similares. Essa postura de MacCormick evidentemente tem forte influência da common law, a qual está presente numa escala significativa no direito escocês[107].

Tendo isso em vista, MacCormick desenvolveu alguns testes para verificar se a decisão é justificável e, portanto, universalizável, onde se observa a preocupação do autor com as consequências jurídicas e lógicas dessa decisão, assim como com o uso de boas razões que sejam coerentes com o sistema jurídico, de modo que ela possa servir como uma espécie de guia.

Embora essa recomendação possa parecer óbvia numa primeira leitura, nem sempre ela tem sido seguida pelo STF nos julgamentos submetidos à sistemática da repercussão geral. Uma exemplo disso é a decisão proferida pelo tribunal no RE 582.461/SP tratado no capítulo 3.2.

Um dos temas tratados no RE 582.461/SP foi o limite da multa moratória fiscal. A partir da análise dos votos que compõem o acórdão desse caso é possível concluir apenas que a corte entende ser razoável e proporcional a cobrança de multa moratória no percentual de 20% do valor do tributo, sem que seja possível identificar um limite objetivo para essa multa capaz de influenciar de forma clara outros julgamentos similares. Percebe-se, ainda, um certo grau de autossuficiência decisória dos ministros, de tal

---

sobre os fatores que influenciam a construção e aplicação dos precedentes pelas cortes, oportunidade em que trata dos efeitos prospectivos e retrospectivos das decisões, assim como dos modelos de exposição das razões de decidir (*ratio decidendi*), que são a forma como as decisões são estruturadas e as opiniões da corte são escritas e exteriorizadas, as quais têm bastante influência na eficácia da decisão como meio prospectivo de solução de futuros problemas. Suas lições influenciaram na forma de propor a solução ao tema 487.

[106] Cf. MacCormick, Neil. *Retórica e o estado de direito* (tradução Conrado Hubner Mendes), Rio de Janeiro, Elsevier, 2008.

[107] Sobre a influência da common law no direito escocês vide MacCormick, Neil; SUMMERS, Robert S (editors). *op. cit.*

sorte que os argumentos expostos num voto nem sempre se comunicam com os argumentos expostos em outro voto, o que torna mais difícil a compreensão dos fundamentos da decisão.

Destacamos dois pontos de crítica a essa decisão: **(i)** a falta de conceituação clara do que seja multa moratória fiscal, o que prejudica a aplicação desse precedente nos casos em que as autoridades fiscais utilizam outras denominações para se referir à multa que é devida pelo mero atraso no pagamento do tributo; e **(ii)** não estabeleceu limites e condições objetivos para a cobrança da multa moratória fiscal, o que faz com que novos casos envolvendo cobranças em valores superiores a 20% da obrigação principal continuem sendo levados aos tribunais e ao próprio STF[108].

Justamente para evitar esse tipo de crítica e buscar uma decisão com orientação prospectiva e universalizável, a solução ao tema 487 deve especificar e explicar o tipo de multa ao qual se refere, bem como, ao responder a questão controversa, estabelecer limites objetivos para a cobrança dessa multa. Assim, evitamos "mudar para continuar o mesmo", nas palavras de Tomasi di Lampedusa no clássico italiano *Il Gattopardo*.

Nesse sentido, no capítulo 2 esclarecemos que a multa objeto do tema 487 é aquela que reúne as seguintes características, cumulativamente:

(i) penalidade cobrada em razão do descumprimento de dever instrumental, assim compreendido, nos termos dos capítulos 1.1 e 5.1, como sendo o dever imposto aos contribuintes ou terceiros legalmente responsáveis visando assegurar o cumprimento da obrigação principal (recolhimento do tributo) ou assegurar que sejam propiciados os meios à Administração Tributária para fiscalizar e controlar

---

[108] Essas duas críticas ficam mais claras no exame das decisões proferidas no RE 400.927/MS (em 4.6.2013), ARE 805.431/MG (em 9.4.2014) e RE 472.012/MG (em 2.2.2015). Nesses julgamentos, o STF se referiu às multas devidas pelo inadimplemento do tributo como se fossem multas moratórias (as quais são devidas pelo atraso no pagamento e não pelo inadimplemento), e admitiu que essas multas fossem cobradas nos percentuais de 40% e 50% do valor da obrigação principal, argumentando que no RE 582.461/SP o STF havia apenas dito que se reputavam razoáveis e proporcionais as multas cobradas no percentual de 20% do tributo, nada tendo falado acerca do limite para a sua cobrança, o qual apenas não poderia ultrapassar o teto de 100% do valor da obrigação principal encontrado na jurisprudência reiterada da corte. Observa-se, assim, que a aplicação do RE 582.4461/SP para resolver outros casos tem sido pequena ou inferior ao que se pretende com um caso submetido a repercussão geral.

as ações desses contribuintes ou terceiros que tenham direta relação com o recolhimento do tributo ou na demonstração de eventual hipótese de imunidade ou isenção, consoante o artigo 113, parágrafo 2, do Código Tributário Nacional;
(ii) trata-se de uma penalidade pecuniária, excluindo-se assim as penalidades que são meramente restritivas de direitos; e
(iii) o descumprimento do dever instrumental não deve ter implicado na falta de recolhimento do tributo ao qual tal dever está vinculado.

Desse modo, as multas englobadas pela proposta de solução ao tema 487 são aquelas que atendem todas as características tratadas nos itens (i), (ii) e (iii) acima, independentemente da nomenclatura ou denominação que seja adotada pelas autoridades fiscais nos casos concretos.

Dito isso, o próximo passo é justamente responder a questão controversa, a qual, conforme descrito também no capítulo 2, é a seguinte: **Existe algum limite que deve ser observado para a cobrança de multa pecuniária devida por descumprimento de dever instrumental nas situações em que não houve, direta ou indiretamente, falta de recolhimento de tributo? Em caso positivo, qual seria esse limite?**

A resposta que se propõe para a primeira indagação é **sim**, i.e., existem sim limites a serem observados pelas autoridades fiscais na cobrança de multa pecuniária pelo descumprimento do dever instrumental, ainda que esse ato ilícito não tenha resultado na falta de recolhimento do tributo vinculado a esse dever.

Sobre qual seria esse limite cabe fazer uma breve retrospectiva dos argumentos desenvolvidos ao longo da obra. Nesse sentido, foram examinadas todas as decisões proferidas pelo STF acerca da limitação da multa fiscal entre abril de 1957 e dezembro de 2015, extraindo-se desse exame premissas que permitiram concluir que a corte admite, reiteradamente e desde pelo menos 1965, que o Poder Judiciário reduza ou cancele as multas cobradas pelas autoridades fiscais, independentemente da sua aplicação estar pautada numa lei em vigor.

Essas premissas também permitem afirmar que a redução ou cancelamento da multa fiscal será possível sempre que ela se mostre confiscatória e, por consequência, viole o artigo 150, inciso IV, da CF/88. A confiscatoriedade da multa fiscal, por sua vez, por se tratar de um conceito aberto, é revelada, segundo a jurisprudência do STF, pelo exame da sua proporcionalidade e razoabilidade, o que exigiu um estudo detalhado da doutrina sobre o assunto, uma vez que os requisitos acerca da verificação desses dois princípios nos casos concretos não estão bem delineados nas decisões do STF.

Como resultado desse estudo da doutrina especializada, constatamos que a proporcionalidade pode ser verificada por meio de três sub-regras a serem aplicadas numa ordem pré-definida: adequação entre o meio e o fim almejado, a necessidade desse meio frente às demais alternativas adequadas existentes (se houver) e a proporcionalidade em sentido estrito, que visa a realização de um juízo de ponderação entre as vantagens e desvantagens da adoção daquele meio. Ademais, adotamos a posição de que a razoabilidade estaria enquadrada no critério da adequação, sendo parte do próprio princípio da proporcionalidade.

A fim de realizar os testes de adequação, necessidade e proporcionalidade em sentido estrito para verificar em quais hipóteses as multas devidas por descumprimento de dever instrumental poderiam ser consideradas proporcionais e razoáveis (e quando não o seriam), identificamos os três elementos exigidos para a análise da proporcionalidade no caso das multas em comento (meio, direito afetado e fim almejado), os quais seriam os seguintes:

- **Meio:** cobrança de multa pecuniária;
- **Direitos afetados:** direito de propriedade (artigo 5, inciso XXII, da CF/88) e direito ao livre exercício da atividade econômica (artigo 170, parágrafo único, da CF/88)
- **Fim almejado:** (i) finalidade imediata – coibir e prevenir o descumprimento do dever instrumental; (ii) finalidade mediata – se confunde com a finalidade do próprio dever instrumental, a qual pode ser sintetizada como sendo o propósito de assegurar o cumprimento da obrigação principal (recolhimento do tributo) ou assegurar que sejam propiciados os meios à Administração Tributária para fiscalizar e controlar as ações dos contribuintes que tenham direta relação com esse recolhimento, conforme o comando contido no artigo 113, parágrafo 2, do Código Tributário Nacional.

A partir dos testes realizados, foi possível constatar que a multa devida pelo descumprimento de dever instrumental será sempre inadequada quando o ato ilícito praticado pelo contribuinte ou terceiro legalmente responsável não implicar falta de recolhimento do tributo devido e tampouco resultar na privação de informações à Administração Tributária que permitam apurar a ocorrência do fato gerador e calcular o tributo que foi recolhido ou verificar a existência de uma imunidade ou hipótese de isenção naquele caso concreto.

Por outro lado, a cobrança da multa seria adequada e razoável nas situações em que o ato ilícito resultou na falta de recolhimento do tributo vinculado ao dever instrumental descumprido, ou, embora não tenha resultado na falta de recolhimento do tributo devido, tenha privado as autoridades fiscais das informações necessárias para apurar a ocorrência do fato gerador e fiscalizar corretamente o tributo que foi recolhido ou, se for essa a hipótese, tenha privado as autoridades ao acesso às informações que permitem constatar a correção da aplicação da imunidade ou isenção naquele caso específico.

Também vimos que, apesar da multa cobrada nessas duas situações ser adequada e razoável, ela somente será necessária e proporcional se for exigida até o patamar correspondente a 100% do valor da obrigação tributária principal ao qual, ainda que abstratamente, se refira o dever instrumental descumprido.

Finalmente, também restou demonstrado que em casos excepcionais e específicos, nos quais reste devidamente comprovado que o pagamento da multa cobrada irá reduzir sensivelmente o tamanho do patrimônio do contribuinte ou irá inviabilizar o exercício da sua atividade econômica, é possível que os tribunais afastem a cobrança da multa, ainda que ela atenda aos critérios da adequação e necessidade apontados acima, pois nessa hipótese o juízo de ponderação exigido pelo critério da proporcionalidade em sentido estrito justificaria a manutenção do patrimônio do contribuinte e do seu direito ao livre exercício da atividade econômica, em detrimento do direito de punir do fisco e da eficiência fiscalizatória.

É importante frisar, porém, que, respeitadas as demais condições anteriormente descritas para que a multa seja adequada e necessária, essa última hipótese se mostra mais teórica do que prática, pois exige que seja devidamente comprovado no caso concreto um real e efetivo risco de esgotamento do patrimônio do contribuinte ou terceiro legalmente responsável, ou a inviabilização do exercício da sua atividade econômica, como corolário da cobrança da multa pelo descumprimento do dever instrumental.

Diante desse cenário, e respondendo a segunda indagação objeto da questão controversa, propomos como solução ao tema 487 da lista de repercussões gerais que seja reconhecido que as multas devidas pelo descumprimento de dever instrumental podem ser cobradas mesmo quando não tenha resultado do ato ilícito praticado a falta de recolhimento do tributo, **mas desde que sejam observados, cumulativamente, os dois limites abaixo expostos:**

(i) **Primeiro limite:** o ato ilícito consubstanciado no descumprimento do dever instrumental deve ter, obrigatoriamente, implicado o não recolhimento do tributo devido **ou** a privação de informações às autoridades fiscais que lhe permitissem apurar a ocorrência do fato gerador e calcular o tributo que foi recolhido (i.e. dados pertinentes à concretização da hipótese de incidência, definição da alíquota, base de cálculo, período de apuração e identificação do contribuinte), ou verificar a existência de uma imunidade ou hipótese de isenção naquele caso concreto. Eventuais informações omitidas à Administração Tributária que não sejam essenciais para a apuração do fato gerador, mas apenas úteis ao trabalho das autoridades fiscais, não são suficientes para legitimar a cobrança da multa pelo descumprimento do dever instrumental; e

(ii) **Segundo limite:** assumindo que a multa cobrada pelas autoridades fiscais pelo descumprimento do dever instrumental está dentro das condições impostas pelo primeiro limite, é necessário que o seu valor não ultrapasse o **teto de 100% do montante correspondente à obrigação tributária principal ao qual se refira, ainda que abstratamente, o dever instrumental descumprido.**

Propomos, ainda, que em situações extremas (e apenas nesses casos) um terceiro limite seja observado na cobrança da multa devida por descumprimento de dever instrumental que não tenha resultado na falta de recolhimento de tributo, que é aquele decorrente da sub-regra da proporcionalidade em sentido estrito.

Assim, ainda que a multa cobrada observe o primeiro e segundo limites, nos casos em que a sua cobrança resultar num efetivo risco de esgotamento do patrimônio do contribuinte ou terceiro legalmente responsável, ou a inviabilização do exercício da sua atividade econômica, os quais devem ser devidamente comprovados no respectivo processo judicial ou administrativo, é admissível que a multa seja cancelada como forma de proteger os direitos constitucionais à propriedade e ao livre exercício da atividade econômica.

Vale frisar, inclusive, que os limites acima expostos são aplicáveis às multas devidas por descumprimento de dever instrumental de forma geral. Trata-se de uma fórmula constitucionalmente aceitável a ser aplicada em cada caso concreto por meio de um juízo de subsunção.

Frise-se que o uso desses limites como uma espécie de fórmula pelos tribunais e autoridades fiscais permite cobrar ou afastar tais tipos de multa de forma mais consistente e isonômica, evitando-se, assim, o uso de dois pesos e duas medidas, a depender do valor absoluto da multa cobrada em cada caso concreto, ao diminuir a margem de discricionariedade do julgador ou das autoridades fiscais.

Ao aplicarmos tais limites ao caso tratado no Recurso Extraordinário nº 640.452/RO temos como consequência que a multa cobrada pelas autoridades fiscais do Estado de Rondônia **deve ser cancelada** por falta de adequação, pois viola o primeiro limite acima.

Nesse sentido, no capítulo 2 explicamos que o Estado de Rondônia lavrou auto de infração contra a Eletronorte para cobrar a multa de 40% sobre o valor total da operação prevista no artigo 78, inciso III, alínea i, da Lei Estadual nº 688/96, pelo descumprimento do dever instrumental de emitir notas fiscais relativas ao ICMS no período de 1.1.2002 a 31.12.2002.

Não obstante, o ICMS devido nas operações praticadas nesse período pela Eletronorte estava sujeito à sistemática da substituição tributária, motivo pelo qual a Petrobrás localizada no Estado do Amazonas foi a responsável por recolher esse tributo e, ao mesmo tempo, emitir as respectivas notas fiscais tendo como destinatário a Eletronorte, apontando todas as informações necessárias ao recolhimento e apuração do ICMS-ST.

O que se observa nesse caso é que a falta de cumprimento do dever instrumental pela Eletronorte – que somente teria ocorrido, segundo alegado pela empresa, em razão da não concessão de regime especial pela Fazenda Estadual e diante da dificuldade prática de se emitir o número de notas fiscais exigidas pelo volume de operações (superior a 10 mil notas no período de 12 meses) –, não implicou falta de recolhimento do tributo e, tampouco, privou as autoridades estaduais de Rondônia das informações necessárias para se verificar se a Petrobrás havia recolhido o ICMS, pela sistemática de substituição tributária, corretamente.

Note-se que bastava que as autoridades estaduais examinassem as notas fiscais emitidas pela Petrobrás a Eletronorte para que elas constatassem que o ICMS é cobrado por substituição tributária e tivessem acesso a todas informações (alíquota, base de cálculo etc) para apurar a correção do valor do ICMS-ST e atestar o seu recolhimento.

Frise, inclusive, que o conteúdo das notas fiscais emitidas pela Petrobrás nas operações em comento era obrigatoriamente informado às autoridades fiscais do Estado de Rondônia por meio do sistema Sintegra já naquela época (ano de 2002).[109]

O ato ilícito praticado pela Eletronorte, o qual o próprio contribuinte reconhece que ocorreu, não teve qualquer impacto relevante sobre a finalidade buscada pelo dever instrumental de emissão das notas fiscais nesse caso concreto. Assim, a multa cobrada é inadequada ao fim pretendido pelo dever instrumental e por esse tipo de sanção e, por esse motivo, é desproporcional, desarrazoada e confiscatória, independentemente de ser cobrada no valor original de 40% da operação ou nos patamares de 10% e 5% determinados pelo juiz de primeira instância e pelo Tribunal de Justiça do Estado de Rondônia, respectivamente. **Desse modo, conclui-se que a multa discutida no Recurso Extraordinário nº 640.452/RO deve ser integralmente cancelada.**

Finalmente, para encerrar, cabe observar que a adoção pelo STF da proposta de solução explicada nesta obra, no julgamento do tema 487 da lista de repercussões gerais, irá auxiliar no aperfeiçoamento da jurisprudência da corte de três formas diferentes, quais sejam:

(i) permitirá ao STF reconhecer de forma juridicamente persuasiva e clara as ideias já desenvolvidas pela jurisprudência da corte ao longo de cinquenta anos sobre os limites das multas fiscais, de modo que

---

[109] O Sintegra corresponde ao sistema integrado de informações sobre operações interestaduais com mercadorias e serviços, por meio do qual as administrações fiscais tanto do estado de origem como de destino das mercadorias são informadas, eletronicamente, acerca da operação realizada, inclusive dos dados relativos a essa operação que são relevantes para a tributação do ICMS ou para a verificação de eventual imunidade ou isenção. O Sintegra foi desenvolvido e implantado a partir do ano de 1997 com o objetivo de consolidar o uso de sistemas informatizados para o aprimoramento dos controles dos Fiscos Estaduais e simplificar o fornecimento de informações aos contribuintes. Portanto, ele já estava em funcionamento no ano de 2002, quando ocorreram os fatos tratados no RE 640.452/RO.

os tribunais inferiores, juízes, contribuintes e autoridades fiscais terão maior clareza acerca dessas ideias e poderão aplicá-las com maior segurança;

(ii) o STF passará a fazer uso dos princípios da proporcionalidade e razoabilidade de modo mais consistente e juridicamente organizado ao reconhecer os critérios desenvolvidas pela doutrina para a verificação em cada caso concreto do atendimento à esses princípios, o que invariavelmente poderá resultar na evolução da sua jurisprudência e na ampliação do uso desses princípios pelo próprio Poder Judiciário; e

(iii) solucionará de forma objetiva e, com capacidade de influência em outros casos idênticos ou similares, o problema da limitação das multas pecuniárias devidas pelo descumprimento de dever instrumental, inclusive e especialmente nos casos em que esse descumprimento não resultou na falta de recolhimento de tributo.

Anexo
Lista das decisões do STF encontradas na pesquisa e analisadas

Número	Processo	Relator	Data	Tipo de Decisão	Qual o ente que aplicou a multa?
1	RE 55.906/SP (RTJ 33/647-49)	Luiz Gallotti	27/05/65	pleno	Estado de São Paulo
2	RE 57.904/SP (RTJ 37/296)	Evandro Lins e Silva	25/04/66	turma	Estado de São Paulo
3	RE 60.964/SP (RTJ 41/55)	Aliomar Baleeiro	01/03/67	turma	Estado de São Paulo
4	RE 60.972/SP	Aliomar Baleeiro	01/03/67	turma	Estado de São Paulo
5	AI 40.319/SP	Evandro Lins e Silva	22/08/67	turma	Estado de São Paulo
6	RE 60.413/SP (RTJ 43/622-23)	Adalício Nogueira	17/10/67	turma	Estado de São Paulo
7	RE 60.476/SP	Evandro Lins e Silva	28/11/67	turma	Estado de São Paulo
8	RMS 14.395/SP	Aliomar Baleeiro	30/11/67	pleno	Estado de São Paulo
9	RE 61.160/SP (RTJ 44/661)	Evandro Lins e Silva	19/03/68	turma	Estado de São Paulo

10	RE 74.762/SP	Aliomar Baleeiro	18/06/73	turma	Estado de São Paulo
11	RE 74.882/SP	Djaci Falcão	30/10/73	turma	Estado do Rio Grande do Sul
12	RE 78.291/SP (RTJ 73/548)	Aliomar Baleeiro	01/06/74	turma	União Federal
13	RE 81.550/MG (RTJ 74/319)	Xavier de Albuquerque	20/05/75	turma	Estado de Minas Gerais
14	RE 82.510/SP (RTJ 78/610)	Leitão de Abreu	01/05/76	turma	Estado de São Paulo
15	RE 91.707/MG (RTJ 96/1354)	Moreira Alves	01/02/80	turma	Estado de Minas Gerais
16	RE 92.165/MG	Decio Miranda	14/03/80	turma	Estado de Minas Gerais
17	ADI 1.075-1-MC/DF	Celso de Mello	17/06/98	pleno	União Federal
18	RE 220.284-6/SP	Moreira Alves	16/05/00	turma	Estado de São Paulo
19	ADI 551/RJ	Ilmar Galvão	24/10/02	pleno	Estado do Rio de Janeiro
20	RE 241.074/RS	Ilmar Galvão	12/11/02	turma	União Federal
21	AI 404.915/SP	Celso de Mello	18/12/02	monocrática	Estado de São Paulo
22	RE 239.964/RS	Ellen Gracie	15/04/03	turma	União Federal
23	RE 360.403/MG	Carlos Velloso	27/05/03	monocrática	Estado de Minas Gerais
24	RE 402.902/MG	Eros Grau	09/10/03	monocrática	Município
25	AI 463.913/MG	Nelson Jobim	05/12/03	monocrática	Estado de Minas Gerais
26	RE 271.974/MG	Carlos Velloso	02/08/04	monocrática	Estado de Minas Gerais
27	RE 325.474/SP	Ayres Britto	21/09/04	monocrática	Estado de São Paulo
28	RE 346.223/MG	Sepúlveda Pertence	07/06/05	monocrática	Estado de Minas Gerais

LISTA DAS DECISÕES DO STF ENCONTRADAS NA PESQUISA E ANALISADAS

29	AI 483.502/RS	Sepúlveda Pertence	27/06/05	monocrática	União Federal
30	AI 464.863/MG	Gilmar Mendes	07/10/05	monocrática	Estado de Minas Gerais
31	RE 470.801/RS	Sepúlveda Pertence	16/11/05	monocrática	União Federal
32	AI 512.802/SP	Joaquim Barbosa	19/04/06	monocrática	Estado de São Paulo
33	AI 551.331/MG	Marco Aurélio	26/06/06	monocrática	Estado de Minas Gerais
34	RE 473.818/PE	Cezar Peluso	18/08/06	monocrática	União Federal
35	RE 492.842/RN	Joaquim Barbosa	28/10/06	monocrática	União Federal
36	AI 603.606/RS	Ricardo Lewandowski	17/05/07	monocrática	União Federal
37	AI 613.124/MG	Celso de Mello	29/06/07	monocrática	Estado de Minas Gerais
38	AI 675.701/SP	Ricardo Lewandowski	15/08/07	monocrática	Estado de São Paulo
39	AI 687.642/MG	Dias Toffoli	13/02/08	monocrática	Município
40	AI 685.380/RS	Eros Grau	20/03/08	monocrática	União Federal
41	AI 505.908/MG	Joaquim Barbosa	19/02/09	monocrática	Estado de Minas Gerais
42	RE 523.471/MG	Joaquim Barbosa	10/03/09	monocrática	União Federal
43	AI 740.631/RS	Carmen Lúcia	16/03/09	monocrática	União Federal
44	AI 482.281-8/SP	Ricardo Lewandowski	30/06/09	turma	União Federal
45	RE 241.087/PR	Eros Grau	08/09/09	monocrática	União Federal
46	AI 539.833/MG	Joaquim Barbosa	07/12/09	monocrática	Município
47	RE 455.017/RR	Carmen Lúcia	17/12/09	monocrática	Estado de Roraima
48	AI 801.618/RS	Luiz Fux	01/06/10	monocrática	Estado do Rio Grande do Sul

49	AI 837.691/SC	Celso de Mello	23/02/11	monocrática	Município
50	RE 582.461/SP	Gilmar Mendes	18/05/11	pleno	Estado de São Paulo
51	RE 600.442/SC	Joaquim Barbosa	29/09/11	monocrática	União Federal
52	AI 767.482/PE	Gilmar Mendes	25/11/11	monocrática	União Federal
53	AI 798.089/RS	Ayres Britto	13/12/11	monocrática	União Federal
54	ARE 637.717/GO	Luiz Fux	19/12/11	monocrática	Estado de Goiás
55	RE 612.213/MA	Dias Toffoli	19/12/11	monocrática	Estado do Maranhão
56	RE 668.364/MG	Dias Toffoli	08/02/12	monocrática	Município
57	AI 715.058/MG	Joaquim Barbosa	02/03/12	monocrática	Estado de Minas Gerais
58	RE 583.516/PB	Ricardo Lewandowski	11/04/12	monocrática	União Federal
59	RE 630.380/MG	Joaquim Barbosa	14/05/12	monocrática	Estado de Minas Gerais
60	RE 632.315/PE	Ricardo Lewandowski	15/06/12	monocrática	Município
61	ARE 688.279/SC	Joaquim Barbosa	29/08/12	monocrática	Estado de Santa Catarina
62	RE 657.372/RS	Ricardo Lewandowski	14/09/12	monocrática	Estado do Rio Grande do Sul
63	AI 769.089/MG	Rosa Weber	03/12/12	monocrática	Município
64	ARE 722.727/RS	Dias Toffoli	05/12/12	monocrática	Município
65	ARE 730.128/DF	Celso de Mello	01/02/13	monocrática	Estado de São Paulo
66	RE 748.257/SE	Ricardo Lewandowski	22/05/13	turma	União Federal
67	RE 400.927/MS	Teori Zavascki	04/06/13	monocrática	Estado do Mato Grosso do Sul
68	RE 547.559/SC	Rosa Weber	26/07/13	monocrática	União Federal

LISTA DAS DECISÕES DO STF ENCONTRADAS NA PESQUISA E ANALISADAS

69	AI 859.189/MG	Carmen Lúcia	01/08/13	monocrática	Estado de Minas Gerais
70	RE 754.554/GO	Celso de Mello	21/08/13	monocrática	Estado de Goiás
71	ARE 733.201/MG	Carmen Lúcia	28/08/13	monocrática	Estado de Minas Gerais
72	RE 587.949/SP	Rosa Weber	22/10/13	monocrática	União Federal
73	ARE 771.921/GO	Celso de Mello	24/10/13	monocrática	Estado de Goiás
74	AI 838.302/MG	Roberto Barroso	25/02/14	turma	Estado de Minas Gerais
75	ARE 797.943/PE	Ricardo Lewandowski	14/03/14	monocrática	União Federal
76	ARE 805.431/MG	Teori Zavascki	09/04/14	monocrática	Estado de Minas Gerais
77	ARE 803.975/PR	Marco Aurélio	30/04/14	monocrática	Estado do Paraná
78	ARE 642.881/PE	Gilmar Mendes	15/05/14	monocrática	Estado de Pernambuco
79	ARE 802.564/SC	Ricardo Lewandowski	16/06/14	monocrática	Estado de Santa Catarina
80	RE 771.660/RS	Celso de Mello	09/09/14	monocrática	Município
81	RE 704.202/SC	Roberto Barroso	16/09/14	monocrática	Município
82	RE 837.423/RS	Rosa Weber	30/09/14	monocrática	Estado do Rio Grande do Sul
83	ARE 787.564/SC	Roberto Barroso	03/10/14	monocrática	Estado de Santa Catarina
84	RE 833.106/GO	Marco Aurélio	13/10/14	monocrática	Estado de Goiás
85	RE 602.686/PE	Roberto Barroso	13/10/14	monocrática	União Federal
86	ARE 783.599/RS	Dias Toffoli	31/10/14	monocrática	Estado de Santa Catarina
87	ARE 844.527/BA	Celso de Mello	05/11/14	monocrática	Estado da Bahia

88	RE 851.071/PR	Roberto Barroso	28/11/14	monocrática	União Federal
89	ARE 836.828/RS	Roberto Barroso	16/12/14	turma	Estado do Rio Grande do Sul
90	RE 472.012/MG	Teori Zavascki	02/02/15	monocrática	Estado de Minas Gerais
91	RE 863.049/SC	Luiz Fux	29/04/15	monocrática	Estado de Santa Catarina
92	ARE 845.454/PR	Rosa Weber	05/05/15	monocrática	Estado do Paraná
93	RE 882.461/MG	Luiz Fux	14/05/15	reconhecimento de repercussão geral*	Município
94	ARE 895.997/PR	Carmen Lúcia	06/07/15	monocrática	Estado do Paraná

REFERÊNCIAS

ALEXY, Robert. *Teoria da argumentação jurídica*, 2 ed., São Paulo, Landy, 2005.
___. *Teoria dos direitos fundamentais*. São Paulo, Malheiros Editores, 2008.
AMARAL, Gilberto Luiz do. OLENIKE, João Eloi, VIGGIANO, Letícia Mary Fernandes do Amaral. *Estudo da Relação da Carga Tributária versus retorno dos recursos à população em termos de qualidade de vida* – Instituto Brasileiro de Planejamento Tributário, 2013. Disponível em <http://www.ibpt.com.br/img/uploads/novelty/estudo/787/ESTUDOFINALSOBRECARGATRIBUTARIAPIBXIDHIRBESMARCO2013.pdf> Acessado em 17.1.2016
___. *Estudo sobre o verdadeiro custo da tributação brasileira* – Instituto Brasileiro de Planejamento Tributário, Outubro/2008. Disponível em < http://www.banasqualidade.com.br/jornal_digital/custo%20brasil.pdf> Acessado em 25.1.2016.
___. *Quantidade de Normas editadas no Brasil: 25 anos da Constituição Federal de 1988* – Instituto Brasileiro de Planejamento Tributário, Outubro de 2013. Disponível em <http://www.ibpt.com.br/img/uploads/novelty/estudo/1266/NormasEditadas25AnosDaCFIBPT.pdf> Acessado em 25.1.2016
AMARO, Luciano. *Direito Tributário Brasileiro*, 9 ed. São Paulo, Saraiva, 2003.
ARAUJO, Juliana Furtado Costa. *Os precedentes no novo código de processo civil e suas implicações tributárias* in O novo CPC e seu impacto no direito tributário, coordenadores Paulo Cesar Conrado e Juliana Furtado Costa Araujo, São Paulo, Fiscosoft, 2015.
ATALIBA, Geraldo. *Noções de Direito Tributário*, Editora RT, 1971.
ÁVILA, Humberto. *Teoria dos Princípios da definição à aplicação dos princípios jurídicos*, Malheiros Editores, São Paulo, 2003.
BALEEIRO, Aliomar. *Direito Tributário Brasileiro*, 11 ed. Editora Forense, Rio de Janeiro, 2004.
BANDERIA DE MELLO, Celso Antônio. *Curso de direito administrativo*. Malheiros Editores, São Paulo, 1993.

BARRETO, Paulo Ayres. *A não cumulatividade das contribuições e sua vinculação à forma de tributação do imposto sobre a renda* in Revista do Advogado v. 94, São Paulo, 2007, pp. 130-135.

BARRIEU, Roberto. *O princípio constitucional da vedação do confisco tributário* in Revista do Advogado da Associação dos Advogados de São Paulo (AASP) v. 32, n. 117, outubro de 2002, pp. 195-201.

BARROSO, Luís Roberto. *Os princípios da razoabilidade e da proporcionalidade no direito constitucional* in Revista dos Tribunais – Cadernos de Direito Constitucional e Ciência Política n. 23, 1998, pp. 65-78.

BASTOS, Celso Ribeiro. *Hermenêutica e Interpretação Constitucional*, 3 edição revista e ampliada, Celso Bastos Editor, São Paulo, 2002.

BOBBIO, Norberto. *Teoria General del Derecho,* Colômbia, Santa Fé de Bogotá, Themis, 1992.

BONAVIDES, Paulo. Curso de direito constitucional, 9 ed., Malheiros Editores, São Paulo, 2000, pp. 248-252.

BREITENBACH, Fábio Gabriel. *A força persuasiva e expansiva dos precedentes dos tribunais superiores: cenário atual e perspectivas* in Hélio Silvio Ourem Campos; Sérgio Torres Teixeira. (Org.). Processo e jurisdição II. 1ed., Florianópolis: CONPEDI, 2014, pp. 50-75.

BUSTAMANTE, Thomas da Rosa de. *Teoria do precedente judicial: A justificação e a aplicação de regras jurisprudenciais,* São Paulo, Noeses, 2012.

CARRAZA, Roque Antônio. *O Regulamento no Direito Brasileiro.* São Paulo, Revista dos Tribunais, 1981.

CARVALHO, Paulo de Barros. *Direito Tributário: Fundamentos Jurídicos da Incidência,* 2 ed., São Paulo, Saraiva, 2008.

___. *Curso de Direito Tributário,* 23 ed., São Paulo, Saraiva, 2011.

CASTRO, Carlos Roberto de Siqueira. *O devido processo legal e a razoabilidade das leis na nova Constituição do Brasil,* Rio de Janeiro, Forense, 1989.

CHIESA, Clélio. *Fiscalização tributária – limites à instituição de deveres tributários e à imposição de sanções pelo não-pagamento de tributo e não cumprimento de deveres instrumentais* in Grandes Questões atuais do Direito Tributário, v. 10, São Paulo, Dialética, 2006, pp. 39-61.

CLÉRICO, Laura. *El examen de proporcionaliad en el derecho constitucional.* Editorial: Eudeba, 2010.

COIMBRA SILVA, Paulo Roberto. Sanção tributária – natureza jurídica e funções in Revista Fórum de Direito Tributário, v. 3, n. 17, set./out. 2005.

COLE, Charles D. *Stare Decisis na cultura jurídica dos Estados Unidos. O sistema do precedente vinculante do common law* in Revista dos Tribunais, São Paulo, RT (752), 1998.

COSSIO, Carlos. *La teoria egologica del derecho y el concepto jurídico de libertad,* 2 ed., Buenos Aires, Abeledo-Perrot, 1964.

DALLA, Ricardo Corrêa. *Multas tributárias: natureza jurídica, sistematização e princípios aplicáveis*, Belo Horizonte, Editora Del Rey, 2002.

DERZI, Misabel Abreu Machado; COELHO, Sacha Calmon Navarro. *Direito Tributário Aplicado: estudos e pareceres*. São Paulo, Editora Del Rey, 1997.

DI PIETRO, Maria Sylvia Zanella. *Discricionariedade Administrativa na Constituição de 1988*, São Paulo, Atlas, 2001.

DURÇO, Karol Araújo. *O ativismo judicial e a fixação de limites para as sanções tributárias no Brasil* in Revista Brasileira de Direito Tributário e Finanças Públicas n. 54, jan/fev 2016, p. 59-79.

FARAG, Cláudio Renato do Canto. *Multas Fiscais: regime jurídico e limites de gradação*. São Paulo, Editora Juarez de Oliveira, 2001.

FERRAZ JÚNIOR, Tércio Sampaio. *Obrigação tributária acessória e limites de imposição: Razoabilidade e Neutralidade concorrencial do Estado* in Teoria Geral da Obrigação Tributária – Estudos em homenagem ao Professor José Souto Maior Borges, Heleno Taveira Torres (coord.), Malheiros Editores Ltda., São Paulo, 2005, pp. 264--280.

FERRAZ, Taís Schilling. *A amplitude dos efeitos das decisões sobre questão constitucional de repercussão geral: critérios para aplicação de precedentes no direito brasileiro*. Dissertação de Mestrado apresentada em 2015 a Pontifícia Universidade Católica do Rio Grande do Sul.

___. *Efeitos das decisões do STF em controle difuso de constitucionalidade: Comentários ao julgamento da reclamação n. 4.335/AC* in Revista da AJURIS v. 41, n. 135, Setembro de 2014. Disponível em < http://www.ajuris.org.br/OJS2/index.php/REVAJURIS/article/view/326>. Acessado em 3.4.2016.

FERRAZZO, Cristiano José. *Os limites de imposição de obrigações acessórias no direito tributário brasileiro*. Dissertação de Mestrado apresentada em 2006 a Faculdade de Direito da Universidade Federal do Rio Grande do Sul, tendo por orientador o Prof. Humberto Bergmann Ávila.

FIGUEIREDO, Lúcia Valle. *Curso de direito administrativo*. Sariava. São Paulo, 2005.

GALKOWICZ, Henrique. *O significado do inc. IV do art. 150 da Constituição e o limite quantitativo ao poder de tributar* in Revista Tributário e de Finanças Públicas (RTrib), vol. 108, Editora RT, São Paulo, 2013, pp. 16-38.

GRAU, Eros Roberto. *A ordem econômica na Constituição de 1988 (interpretação e crítica)*, 3 ed., Malheiros Editores, São Paulo, 1997.

GOMES DE SOUZA, Rubens. *Compêndio de legislação tributária*, Rio de Janeiro, Edições Financeiras, 1964.

GOLDSCHMIDT, Fabio Brun. *O princípio do não-confisco no direito tributário*. São Paulo, Editora RT, 2003.

GUERRA FILHO, Willis Santiago. *Da interpretação especificamente constitucional* in Revista de Informação Legislativa 128, Brasília, 1995, pp. 255-259.

___. *Princípio da proporcionalidade e teoria do direito* in: Grau, Eros Roberto / Guerra Filho, Willis Santiago (org.), *Direito constitucional: estudos em homenagem a Paulo Bonavides.* São Paulo: Malheiros, 2001, pp. 268-283.

___. *Teoria processual da constituição.* São Paulo, Celso Bastos Editor, 2010.

HARAT, Florence. *Multas tributaries de ofício, isolada, qualificada e agravada – considerações sobre cumulação de multas e sobre o entendimento jurisprudencial dos princípios da proporcionalidade e do não confisco aplicados às multas tributaries* in Revista Dialética de Direito Tributário n. 225, São Paulo, Dialética, junho 2014, pp. 61-77.

HORVATH, Estevão, *O princípio do não-confisco no direito tributário.* São Paulo, Dialética, 2002.

JÚNIOR, Humberto Theodoro, NUNES, Dierle, BAHIA, Alexandre. *Breves considerações sobre a politização do Judiciário e sobre o panorama de aplicação no direito brasileiro – Análise da convergência entre o civil law e o common law e dos problemas da padronização decisória* in Revista de Processo (REPRO) n. 189, São Paulo, Editora Revista dos Tribunais, pp. 09-52.

KELSEN, Hans. *Teoria Pura do direito*, São Paulo, Martins Fontes, 2006.

MACÊDO, Lucas Buril de. *A disciplina dos precedentes judiciais no direito brasileiro: do anteprojeto ao código de processo civil* in Novo CPC e o processo tributário, coordenadores Antonio Carlos F. de Souza Júnior, Leonardo Carneiro da Cunha, São Paulo, Foco Fiscal, 2015.

MACCORMICK, Neil. *Retórica e o estado de direito* (tradução Conrado Hubner Mendes), Rio de Janeiro, Elsevier, 2008.

MACCORMICK, Neil; SUMMERS, Robert S. (editors). *Interpreting precedents: a comparative study*, Aldershot, Ashgate/Dartmouth, 1997.

MACHADO, Hugo de Brito. *Algumas questões a respeito da obrigação tributária acessória* in Teoria Geral da Obrigação Tributária – Estudos em homenagem ao Professor José Souto Maior Borges, Heleno Taveira Torres (coord.), Malheiros Editores Ltda., São Paulo, 2005, pp. 294-310.

___. *Curso de Direito Constitucional Tributário.* São Paulo. Malheiros Editores, 2012.

___. *Fato Gerador da Obrigação acessória* in Revista Dialética de Direito Tributário n. 96, Editora Dialética, São Paulo, set. 2003.

___. *Inaplicabilidade da Vedação ao Confisco às Multas Tributárias* in Revista Dialética Tributária n. 235. São Paulo. Dialética, abril 2015, pp. 104-109.

___. *Obrigação Tributária Acessória e abuso do poder-dever de fiscalizar* in Revista Dialética de Direito Tributário n. 24, Editora Dialética, São Paulo, set. 1997.

MACHADO SEGUNDO, Hugo de Brito. *Multas Tributárias, Proporcionalidade e Confisco* in Revista de Direito Tributário Atual n. 27. São Paulo, Dialética, 2012, pp. 372--383.

MAIOR BORGES, José Souto, *Obrigação Tributária – Uma introdução metodológica*, 3 ed., Malheiros Editores, São Paulo, 2015.

REFERÊNCIAS

MARIANO DA SILVA, Jorge Luiz; LIMA DE ALMEIDA, Júlio César. *Eficiência no gasto público com educação: uma análise dos municípios do Rio Grande do Norte.* Estudo desenvolvido pelo Instituto de Pesquisa Econômica Aplicada (IPEA). Disponível em <http://www.ipea.gov.br/ppp/index.php/PPP/article/viewFile/320/280>. Acessado em 12.6.2016.

MARICATO, Andreia Fogaça. *Deveres Instrumentais: Regra Matriz e Sanções.* Dissertação de Mestrado apresentada a Faculdade de Direito da Pontifícia Universidade Católica de São Paulo (PUC/SP) em 2009.

MARTINS, André Malta. *A referibilidade como critério de legitimação constitucional das multas tributárias* in Revista Tributária e de Finanças Públicas n. 68, ano 14, São Paulo, Editora Revista dos Tribunais, Maio-Junho 2006, pp. 237-246.

MARTINS, Ives Gandra da Silva. *Da Sanção Tributária,* São Paulo, Ed. Saraiva, 1980.

___. *Obrigações acessórias no interesse da fiscalização e da livre concorrência entre empresas* in Revista Tributária e de Finanças Públicas, RTrib 56/227, maio-jun/2004.

MARTINS FILHO, Luiz Dias. *Infrações e Sanções administrativas Tributárias* in Sanções Administrativas Tributárias, coordenador: Hugo de Brito Machado, São Paulo, Dialética, 2004, pp. 286-301.

MARTONE, Rodrigo; VENTURA, Bruno. *STF uniformiza os precedentes sobre os limites quantitativos para a imposição das multas punitiva e moratória em âmbito tributário* in Revista Dialética de Direito Tributário n. 240, Dialética, São Paulo, setembro 2015, pp. 136-144.

MENDES, Gilmar Ferreira. *Controle de Constitucionalidade. Aspectos Jurídicos e Políticos,* São Paulo, Saraiva, 1990.

MENDONÇA, Maria Luiza Viana Pessoa de. *Multas tributárias – efeito confiscatório e desproporcionalidade – tratamento jusfundamental* in FISCHER, Octávio Campos (coord.). *Tributos e direitos fundamentais,* São Paulo, Dialética, 2004, pp. 241-259.

MORETO, Mariana Capela Lombardi. *O precedente judicial no sistema processual brasileiro.* Tese de doutorado apresentada em Faculdade de Direito da Universidade de São Paulo em 2012.

NAVARRO COÊLHO, Sacha Calmon. *Curso de Direito Tributário Brasileiro,* Forense, São Paulo, 1990.

___. *Sanções Tributárias* in Artigos selecionados em homenagem aos 40 anos do Centro de Extensão Universitária, Ives Gandra Martins (organizador), São Paulo, Editora Revista dos Tribunais – Instituto Internacional de Ciências Sociais, Coleção Direito Tributário, Volume 1, 2012, pp. 315-349.

OLIVEIRA, André Felix Ricotta de; MARICATO, Andreia Fogaça Rodrigues. *A incidência da multa de 2% sobre o total de entradas e saídas da falta de apresentação dos arquivos magnéticos* in Revista Tributária e de Finanças Públicas n. 119, São Paulo, Revista dos Tribunais, 2014, pp. 234-255.

OLIVEIRA, Pedro Miranda. *Para uma efetividade maior do instituto da repercussão geral das questões constitucionais* in Revista Dialética de Direito Processual n. 145, Oliveira Rocha, São Paulo, abril 2015, pp. 60-81.

PINHEIRO NETO, Pedro Bentes. BONNA, Alexandre Pereira. *Repercussão geral e orientação prospectiva nos julgamentos do STF* in Revista de Processo 2014 – RePro, Vol. 237, Editora Revista dos Tribunais, São Paulo, 2014, pp. 197-221.

PINTO JUNIOR, Mario Engler, Pesquisa jurídica aplicada no mestrado profissional, 2015, texto em elaboração (working paper).

Quadro de obrigações acessórias elaborado pelo Sindicato das Empresas de Serviços Contáveis e Assessoramento no Estado de São Paulo (SESCON/SP). Disponível em < http://www.forumdoempreendedor.org.br/download/quadro-de-obrigacoes-acessorias.pdf> Acessado em 25.1.2016.

RIBAS, Lidia Maria Lopes Rodriges; FRAULOB, Gérson Mardine. *Confisco e limites das sanções tributária: aspectos constitucionais* in Revista Tributária e de Finanças Públicas, RTrib n. 77, nov-dez/2007, pp. 202-214.

RIBEIRO, Diego Diniz. *O incidente de resolução de demandas repetitivas: Uma busca pela Common Law ou mais um instituto para a codificação das decisões judiciais?* in O novo CPC e seu impacto no direito tributário, coordenadores Paulo Cesar Conrado e Juliana Furtado Costa Araujo, São Paulo, Fiscosoft, 2015.

SALUSSE, Eduardo Perez. *Moderação Sancionatória no Processo Administrativo Tributário*. Dissertação de mestrado apresentada a Escola de Direito de São Paulo da Fundação Getúlio Vargas em 2015.

SILVA, Virgílio Afonso da. *Direitos Fundamentais: conteúdo essencial, restrições e eficácia*. São Paulo, Malheiros Editores, 2009.

___. *Princípios e regras: mitos e equívocos acerca de uma distinção* in Revista Latino-americana de estudos constitucionais 1, 2003, pp. 607-630.

___. *O proporcional e o razoável* in Revista dos Tribunais (RT) 798/24, ano 91, abr. 2002, pp. 23-50.

SOUZA, Ricardo Conceição. *Sanções administrativas Tributárias* in Sanções Administrativas Tributárias, coordenador: Hugo de Brito Machado, São Paulo, Dialética, 2004, pp. 383-399.

TAKANO, Caio Augusto. *Os limites impositivos aos deveres instrumentais tributários* in Revista Direito Tributário Atual n. 27, São Paulo, Dialética, 2012, pp. 284-304.

___. *Sanções Tributária: Limitações e Controle*. Disponível em <http://www.publicadireito.com.br/artigos/?cod=2ffe95614e083e70> Acessado em 1.6.2016.

TARUFFO, Michele. *Institutional Factors influencing precedents* in MACCORMICK, Neil; SUMMERS, Robert S (editors). *Interpreting precedents: a comparative study*, Aldershot, Ashgate/Dartmouth, 1997, pp. 437-460.

TIPKE, Klaus; YAMASHITA, Douglas. Justiça Fiscal e Princípio da Capacidade Contributiva. São Paulo, Malheiros, 2002.

TORRES, Ricardo Lobo. *Curso de Direito Financeiro e Tributário*, 17 ed., Rio de Janeiro, Editora Renovar, 2010.

VIEIRA, José Ribas. ANDRADE, Mario Cesar. *Onze ilhas supremas ou ministros invisíveis: o que o STF reserva para 2016?* – Artigo publicado no site Jota. Disponível em <http://jota.uol.com.br/onze-ilhas-supremas-ou-ministros-invisiveis-o-que-o-stf-reserva--para-2016> Acessado em 3.4.2016.

XAVIER FRANCO, José Roberto, Algumas notas teóricas sobre a pesquisa em empírica em direito, Research Paper Series – Legal Studies Paper n. 122, São Paulo Law School of Fundação Getúlio Vargas, 2015. Disponível em <http://direitogv.fgv.br/publicacoes/working-papers> Acessado em 12.1.2016.

WACHELESKI, Marcelo Paulo; MEDEIROS, Clayton Gomes de; FLORES, Pedro Henrique Brunken. *A proporcionalidade e o princípio da vedação do confisco: limites constitucionais ao poder punitivo estatal em matéria tributária* in Revista Tributária de Finanças Públicas (RTrib), vol. 122, ano 23, Editora RT, São Paulo, maio-jun. 2015, pp. 69-83.

WORLD BANK/IFC, PWC. *Paying Taxes 2015: The global Picture – The changing face of tax compiance in 189 economies worldwide*. Disponível em <http://www.pwc.com/gx/en/paying-taxes-2016/paying-taxes-2015.pdf> Acessado em 24.1.2016.

ZAVASCKI, Teori Albino. *Eficácia das Sentenças na Jurisdição Constitucional*. Dissertação de Mestrado apresentada a Faculdade de Direito da Universidade Federal do Rio Grande do Sul em agosto de 2000.

ZAGARI, Daniella. CALEIRO, Juliana. *A valorização dos precedentes e o novo CPC*. Artigo publicado no Jornal Valor Econômico em 4.2.2016.

Planilha eletrônica contendo detalhes da pesquisa desenvolvida acerca da jurisprudência do STF sobre limitação de multa fiscal https://drive.google.com/open?id=1Z_Q2GPN0gBk3-1smd4DXayj8Mu6bctGN

<http://www.capes.gov.br/avaliacao/sobre-a-avaliacao/mestrado-profissional-o-que--e> Acessado em 16.1.2016.

<http://www.conjur.com.br/2015-nov-10/caminhamos-passos-largos-common-law-teori-zavascki> Acessado em 2.4.2016.

<www.decisões.com.br>

<www.planalto.gov.br>

<http://www.portaltransparencia.gov.br/> Acessado em 25.1.2016.

<www.oecd.org> Acessado em 10.5.2016

<http://www.stf.jus.br/portal/jurisprudenciaRepercussao/verAndamentoProcesso.asp?incidente=4071634&numeroProcesso=640452&classeProcesso=RE&numeroTema=487> Acessado em 17.1.2016

<www.stf.jus.br>

ÍNDICE

PREFÁCIO   5

INTRODUÇÃO   9

1. A NECESSIDADE DE UM LIMITE PARA AS MULTAS POR DESCUMPRIMENTO DE OBRIGAÇÃO ACESSÓRIA TRIBUTÁRIA   13

2. O CASO OBJETO DO TEMA 487 DA LISTA DE REPERCUSSÕES GERAIS DO STF, A QUESTÃO CONTROVERTIDA A SER RESPONDIDA E A METODOLOGIA A SER UTILIZADA NA CONSTRUÇÃO DA RESPOSTA   33

3. A POSIÇÃO HISTÓRICA DO STF SOBRE A LIMITAÇÃO DAS MULTAS TRIBUTÁRIAS: UM ESTUDO DAS DECISÕES DA CORTE   45

4. A IDENTIFICAÇÃO DAS PREMISSAS EXTRAÍDAS DA JURISPRUDÊNCIA DO STF E SEU REFINAMENTO COM BASE NA DOUTRINA APLICÁVEL   81

5. A APLICAÇÃO DAS PREMISSAS DESENVOLVIDAS PELO STF E REFINADAS POR MEIO DO ESTUDO DA RAZOABILIDADE E PROPORCIONALIDADE ÀS MULTAS DEVIDAS PELO DESCUMPRIMENTO DE DEVER INSTRUMENTAL   107

6. A CONCLUSÃO E PROPOSTA DE SOLUÇÃO PARA O TEMA 487
   DA LISTA DE REPERCUSSÕES GERAIS DO STF   137

ANEXO – LISTA DAS DECISÕES DO STF ENCONTRADAS
NA PESQUISA E ANALISADAS   147

REFERÊNCIAS   153